CATALOGUE

DE VENTE

D'UNE BELLE COLLECTION

D'ESTAMPES

COLLIGÉE

PAR

M. LE DOCTEUR BENJ. PETZOLD.

SIXIÈME PARTIE,

dont la Vente publique aura lieu à

VIENNE

(EN AUTRICHE)

LE 4 NOVEMBRE 1842.

CE CATALOGUE SE DISTRIBUE

à Vienne:

chez **Sigismond Bermann,**

marchand d'estampes de la Bibliothèque Impériale, Himmelpfortgasse Nr. 948.

Dans les provinces et à l'étranger:

chez tous les marchands d'estampes et libraires, qui se chargent en même tems des commissions.

VIENNE, 1842.

Imprimerie d'Antoine Benko.

La *sixième partie* de cette collection d'estampes *), que l'on offre en ce moment aux enchères publiques, renferme des pièces belles et rares de *G. Agucchi* (le maître à la chausse-trappe), *Altdorfer*, *Josse Aman*, *Zoan André*, *B., G. et J. Audran*, *Balechou*, *Baudet*, *Bega*, *H.-S. Beham*, *Berghem*, *Boissieux*, *Bolswert*, *J. Both*, *Caraglio*, *Carrache*, *Cort*, *Dietricy*, *Drevet*, *Androuet Ducerceau*, *Durer*, *Dusart*, *Dyck*, *Earlom*, *Edelinck*, *Falck*, *Geffels*, *Gelée* (Claude-Lorrain), *Ghisi*, *H. Goltzius*, *J. de Heem*, *Hogarth*, *Hollar*, *Huchtenburgh*, *L. Krug*, *P. de Laer*, *Lamsveerde*, *L. de Leyde*, *Livens*, *M. Lorch*, *Mich. Lucchese*, *Alex. Mair*, *A. Mantegna*, *Masson*, *Fr. Mazzuoli*, *Mellan*, *J. v. d. Meer*, *Middiman*, *R. Morghen*, *Morin*, *Moyaert*, *Nanteuil*, *Nolpe*, *Norblin*, *Ossenbeeck*, *de Pass*, *J. Pesne*, *Poilly*, *Pontius*, *Fr. Post*, *Paul Potter*, *Raimondi* (Marc-Antoine et ses Élèves), *Rembrandt*, *Guido Reni*, *C. Reverdino*, *Ribera Spagnolet*, *Richomme*, *R. Roghman*, *Mart. Rota*, *Roullet*, *Rysbraeck*, *G., J. et R. Sadeler*, *Saftleven*, *J. Sanuti*, *G.-F. Schmidt*, *M. Schongauer*, *P. van Schuppen*, *H. Siebmacher*, *J. Smith*, *Stella*, *Stoop*, *Strada*, *Strange*, *L. Strauch*, *Subleyras*, *Suyderhoef*, *Swanefeldt*, *Le Titien*, *L. van Uden*, *Uytenbroeck*, *Adr. van de Velde*, *Corn. Visscher*, *Vivarès*, *v. Vliet*, *Waterloo*, *Wenceslas d'Olmutz*, *Antoine*, *Jean et Jér. Wierix*, *Wille*, *Wohlgemuth*, *Woollett*, *Wouters*, *Th. Wyck*, *Zasinger*, *Zeeman*, *Math. Zundt* et de quantité d'autres bons maîtres, dont on trouvera un plus ample détail dans le cours du présent Catalogue.

Les Numéros en parenthèses se refèrent au *Peintre-Graveur* de M. de Bartsch.

Le soussigné, chargé de mettre les objets sur table, recevra volontiers les commissions qui pourront lui être adressées. Toutefois *ces commissions doivent être accompagnées ou d'une lettre de crédit ou d'un effet à vue*, qui le mettent à même de pouvoir toucher sur le champ le montant des Numéros acquis.

Les payements se feront en florins, argent de convention.

Sigismond Bermann.

*) Les 5 premières parties ont été vendues à Vienne les 9 Nov. 1840, 18 janvier, 29 mars, 13 décembre 1841 et 29 mars 1842.

AGUCCHI (G.), dit LE MAÎTRE A LA CHAUSSE-TRAPPE, *dessinateur et graveur v.* 1540. (V. Heinecke, Vol. I. p. 51. — Bartsch, Vol. XV. p. 540. — Ottley Notices of Engrav.)

1 Arc triomphal antique (B. 1.) *Morceau très rare.*

Pièces non décrites :

2 Chapiteau et base de colonne sur la même planche; à droite: *Basa in Roma — sotto Capitolio*, écrit à rebours. Hauteur: 12. p. 7 l. - Largeur : 8 p. *P. très rare.*

3 Vue d'un temple orné d'un dôme. A droite: *Templi ignoti — simulacrum.* H. 13. p. - L. 10. p. 9 l. *Très belle et de la plus grande fraîcheur.*

4 Le même morceau. *Autre état*, sans l'inscription *Templi ignoti etc.* Belle et avec toute sa marge.

5 La cour d'un grand édifice orné de colonnes. L. 14 p. - H. 9 p. 9 l. *Très rare.*

6 Grande place entourée de palais et ornée dans le fond à droite d'une Statue équestre. L. 15 p. 10 l. - H. 10 p. 3 l. *Très rare.*

7 Vue de la ville d'Alger en 1541. Au bas de la droite un cartouche avec l'inscription: *Signiori — expressa.* L. 16 p. 6 l. - H. 11 p. 3 l. PIÈCE EXTRÊMEMENT RARE. *Très belle et dans sa fraîcheur virginale.*

AKEN (JEAN VAN), *peintre et graveur à l'eau-forte, vers* 1614.

8 Les voyageurs à cheval (17). *Très belle épr.*

ALDEGREVER (HENRI), *peintre et grav. au burin*, 1502—1558.

9 Hercule et Anthée (96.) *Belle pièce.*

10 Thisbé trouvant Pyrame (101.) P. ronde.

11 La Concorde (103.) — La richesse (107.) 2 Est. *Belles épr.*

12 Le moine et la Réligieuse (178.) *P. extrêmement rare.*

13 Un vase surmonté d'ornements (287).

14 Dessin de gaine orné de figures (p. 454, Nro. 8). *Rare.*

ALLAIS (J.-A.), *artiste français, né en* 1792.

15 Le petit Savoyard, d'après BELLANGÉ; pet. in-Fol. en l. *Mezzo tinto. Très belle épr.*

Nro.

ALMELOVEEN (J.), *peintre et graveur, né en 1624.*

16 Paysages et Vues de rivières. Suite compl. de 6 est. (21—26). *Belles et très rares épreuves sur papier de chine.*

ALTDORFER (ALBERT), *peintre et graveur,* 1475—1538.

17 Samson (2). *Très belle épr.*

18 Crucifix (7). *Idem.*

19 Jésus Christ et la Vierge (9). *Idem.*

20 Hercule déchirant le lion (26). *Idem.*

21 Hercule portant les deux colonnes (27). *Idem.*

22 Le petit porte-enseigne (52). *Idem.*

23 L'annonciation 1513 (44). *Gravure en bois.*

24 L'adoration des bergers (45). *Idem.*

AMMAN (JOSSE), *peintre et graveur,* 1539—1591.

25 Perspectiva corporum regularium (p. 357, Nro. 11). Suite de 50 estampes. *Très belles épr.* Rares.

26 Cartouche offrant un écu d'armes (23).

27 L'histoire d'Adam et Eve. *Gravure en bois* (15).

Morceaux non décrits. Gravures à l'eau-forte:

28 Ecusson d'armoiries avec fleurs de lys, soutenu par quatre enfans. Le chiffre est au milieu du bas. *P. rare.* H. 4, 1. -L. 2, 8.

29 Autre avec une Syrene couronnée. H. 4, 10. -L. 3 p.

30 Réprésentation d'une noce avec trois couples de danseurs. Le monogramme se voit sur un banc dans le fond. Pièce ronde. Diamètre 5, 8. *Belle et rare.*

31 Deux vieux guerriers germains, tenant un écusson d'armoiries. L. 12, 2. -H. 10, 3.

32 Les arts libéraux, représentés dans 15 medaillons ovales sur la même planche. Au milieu du bas le chiffre. L. 13, 6. -H. 10 p.

33 Le Siège d'une ville située à gauche. Au milieu du bas: *J. A. von Nurenberg,* 1566. L. 21 p. -H. 10, 6.

34 Camp d'armée. — *Pièce pareille.*

35 Marche d'armée dirigée vers la droite. Au milieu du bas le monogr. et l'année 1566. *P. pareille.*

36 Armée marchant vers une ville fortifiée située à gauche. Au bas le monogr. et l'année 1566. *P. pareille.*

37 Bataille entre deux armées sous les murs d'une ville fortifiée *P. pareille.*

38 Combat naval. Au bas de la gauche: *J. A. v. Zurich* 1566. *P.*

Nro.

pareille. Les 6 p. précédentes n'apartiennent pas à la suite décrite par Bartsch page 360, 12.

39 Grande pièce allégorique sur l'état de l'église chrétienne. Au milieu du bas le chiffre et le millésime MDLXXI. H. 26, 3. - L. 18, 3. *Pièce capitale et très rare.*

ANDRÉ (ZOAN), *vieux graveur italien, vers* 1500.

40 Les six jours de la création. *Gravure en bois non décrite.* H. 4, 6. - L. 2, 11. Au bas, vers la gauche le monogramme de l'artiste. *Extrêmement rare.*

41 Le paysan et sa femme. Copie de l'estampe d'Alb. Durer (83). *Non décrite et très rare. (Heller 927?)*

ARNOLD (JONAS), *peintre et grav. à l'eau-forte, v.* 1650.

42 La Cathédrale d'Ulm avec la place du marché. P. capitale de l'artiste, gravée à l'eau-forte et marquée: *Jon. Arnold pict. Delin. et fecit in Aquaforte.* Gr. in-Fol. en h. *Très rare.*

AUDRAN (BENOIT), *dessinateur et grav. au burin,* 1661—1721.

43 La Purification de la Ste. Vierge ou Siméon au temple, d'après CH. LE BRUN; tr. gr. in Fol. en h. *Zani, Vol. V. p.* 235. Rare. *Très belle épr.*

44 St.-Jean baptisant N. S. d'après L'ALBANE. Gr. p. en l. *Z. VI,* 125, *II.* PREMIER ÉTAT, *avant les armes, la dédicace et l'adresse de la Veuve Audran.* Très belle et rare.

45 L'élevation en croix, d'après CH. LEBRUN. Très belle et grande p. en l. *Z. VIII,* 3. CHEF-D'OEUVRE DU GRAVEUR.

46 La descente de croix. Gr. p. en h. d'apr. LE MÊME. *Z. VIII,* 151. *Belle et rare.*

AUDRAN (GIRARD), *dessin. et graveur,* 1640—1703.

47 Coriolan devant la ville de Rome, fléchi par sa mère, sa femme et ses enfans; belle composition d'un grand style; d'après N. POUSSIN. *Très gr. p. capitale en* 2 morceaux non assemblées. PREMIER ETAT: *à Paris rue S. Jacques etc. Très belle épreuve et d'un ton fort vigoureux.*

48 Moïse qui défend les filles de Jethro. Grande p. en l. d'apr. CH. LEBRUN. *Zani III,* 142. PREMIER ETAT, *avant le G. qui précéde comunement le mot* AUDRAN. *Très rare.*

49 St.-Jean baptisant sur les rives du Jourdain. Très gr. pièce composée de 2 feuilles assemblées en l. d'apr. N. POUSSIN. *Z. VI,* 115. *BB. R. e Capo d'opera.*

50 La femme adultère, d'apr. N. POUSSIN. Gr. p. en l. *Z. VI,* 392.

Nro.

PREMIER ÉTAT, *avec les armes et la dédicace et avant les points dans la marge à droite.* RARE.

51 La descente du St-Esprit. Grande p. en h. d'apr. CH. LEBRUN. *Z. IX*, 160. *Ancienne et très belle épr.*

52 Le martyre de St.-Laurent. Gr. p. en h. d'apr. N. LESUEUR. *Anc. et très belle épr.*

53 La Vierge au Rosaire, d'apr. LE DOMINIQUIN. Grande et belle composition en h. PREMIER ÉTAT. *Très belle épr.*

54 St.-André conduit au suplice. Très grand morceau en l. d'apr. LE GUIDE. *P. capitale et très rare.*

55 Pyrrhus enfant soustrait à la recherche de ses ennemis. Très-grande pièce de 2 feuilles assemblées en l. d'apr. N. POUSSIN. *Anc. et très belle épr.*

56 Le temps élevant la Vérité. Grande et belle estampe en h. d'apr N. POUSSIN. *Belle épr.*

57 La peste d'Eaque produite par la jalousie de Junon contre Egine.. Grande p. capitale en l. d'apr. MIGNARD. *Premier État, avant les ailes à la Junon, avec le paon et la dédicace au marquis de Loavois.* Superbe épr. et de la plus grande fraîcheur. *Très rare.*

58 La même p. SECOND ÉTAT, Junon transformée en ange exterminateur, le paon effacé. *Belle épr.*

59 La bataille de Constantin contre Maxence. Tr. grande et belle est: de 3 feuilles en l. d'après CH. LEBRUN.

60 Le triomphe de Constantin. Tr. grande et belle est. de 4 feuilles en l. d'après LE MÊME.

AUDRAN (JEAN), *dessinateur et graveur*, 1667—1756.

61 Athalie voit le jeune roi Joas sur le trône. Belle et riche composition, d'après ANT. COYPEL; tr. gr. in-Fol. en l. *Z. III*, 377. *Pièce capitale et très belle épr.*

62 Présentation au temple. Grande et belle estampe en l. d'apr. M. CORNEILLE. *Z. V*, 236.

63 Résurrection de Lazare, d'apr. JOUVENET. *Z. VI*, 296. Gr. morceau en l. Composition superbe. *Très belle et rare.*

64 La pêche miraculeuse, d'apr. LE MÊME. Gr. morceau en l. et pendant du précédent. *Z. VI*, 153. *Très beau et rare.*

65 L'enlèvement des Sabines, d'apr. N. POUSSIN. Grande et belle composition en l.

66 Galathée voguant sur la mer, d'après CH. MARATTE. Gr. p. en l. très bien gravée. *Très belle épr.*

Nro.

AVIBUS (GASPAR AB), *dessinateur et graveur*, 1530—1590.

67 Le chasseur Orion portant Diane sur ses épaules, d'après LUÇA PENNI; gr. in-Fol. en h. *Très belle épr.*

AVRIL (JEAN-JAQUES), *graveur au burin, né à Paris en* 1756.

68 Le Retour de la pêche au soleil couchant, d'après J. VERNET; tr. gr. in-Fol. en l. *Très belle épr.*

69 Les Voyageurs effrayés par le coup de tonnere, d'après LE MÊME; tr. gr. in-Fol. en l. *Pendant et très belle épr.*

70 Le passage du Rhin; grand combat de Cavalérie, d'après N. BERGHEM; tr. gr. in-Fol. en l. *Pièce capitale et très belle épr.*

71 Le prise de Courtray; d'après VAN DER MEULEN; tr. gr. in-Fol. en l. *Pièce capitale et très belle épr.*

ADAM (VICTOR), *peintre et Litographe. Contemporain.*

72 Chevaux picards. Gr. in-Fol. en l. *Litographie.* comme les p. suivantes.

73 Taureau. Gr. in-Fol. en l.

74 Vache et jeune taureau. Gr. in-Fol. en l.

75 Groupe d'animaux. Gr. in-Fol. en l.

76 Grǒupe de vaches. Gr. in-Fol. en l.

77 La Vivandière. Gr. in-Fol. en l.

BADALOCCHIO (SIXTE), *peintre et graveur*, *v.* 1610.

78 La Sainte Famille (25). PR. ÉTAT, *avant l'adresse de Rossi.* Rare.

79 Les peintures du Dôme de Parme. Suite de 6 estampes d'après LE CORRÈGE (27—32.) *Belles épreuves.*

BALECHOU (J. J.), *dess. et grav. au burin*, 1715—1764.

80 St. Généviève, patrone de Paris, d'apr. CH. VANLOO. Grande p. en h. *Rare et recherchée.*

81 La tempête, d'apr. J. VERNET. Grande pièce capitale en l. *Ancienne et belle épr.* Rare.

82 Les baigneuses, d'apr. LE MÊME. Grande pièce en l. *Belle épreave au mollet blanc.*

BALESTRA (JEAN), *artiste moderne, né à Venise.*

83 Ecce Homo, d'après LE TITIEN; in-Fol. en h.

BARLOW (FRANÇOIS), *peintre et grav. à l'eau-forte*, 1702.

84 Les fables d'Esope et de plusieurs autres excellents Mythologistes, avec les figures dessinées et gravées par F. Barlow. Amsterdam 1713. in-4. rel. *Ouvrage rare* contenant 129 estampes (compris 28 planches de la vie d'Esope.) *Catalogue Rigal*, p. 10, Nro. 29. *Très-bel exemplaire.*

Nro.

BARRIÈRE (DOM.), *dess. et graveur à l'eau-forte*, v. 1650.

85 Vues de Rome. *Rob.-Dum. P.-Gr. Français, Vol. III, p.* 58, *Nro.* 49, 51, 52. Trois estampes. *Très rares.*

86 Oratorio della Chiesa nova. *P. non décrite*, appartenant à la suite précédente et en ayant la même dimension. *Extr. rare.*

87 Paysages maritimes. (185, 186, 188.) Trois estampes.

88 Vue de la place du peuple. (193.) PREMIER ÉTAT, *avant le nom de Raimondi.*

89 Réjouissances faites par les Espagnols à Rome en 1650. (194.) *Très-belle et gr. p. en l.* VÉRITABLE CHEF-D'OEUVRE D'EXÉCUTION.

90 *Figura del nobilissimo Parato fatto d'ordine dell' Em. Sre. Cardinal di Retz nella chiesa di San Luigi dei Francesi in Roma per la festa del detto Santo etc. Dom. Barrière incidit. Très belle p. non décrite.* H. 24, 3. - L. 16, 2. *Extrem. rare*, mais légêrement endommagée.

91 Plan du Conclave avec toutes les cérémoies etc. *Morceau non décrit.* L. 16, 3. - H. 12, 6.

BARBÉ (J. B.), *dessin. et graveur, né en* 1585.

92 St. François - Xavier, à genoux dans un paysage; *P. capitale du maître.* H. 12. p. — L. 9, 2. *Belle et rare.*

BARTOLI (PIETRO SANTO), *peintre, dessin. et graveur à l'eau-forte*, 1635 — 1700.

93 L'adoration des Rois d'près RAPHAEL. Composition très riche, faite pour les tapisseries du Vatican; *Z. V*, 206. Tr. gr. p. en l. de trois feuilles assemblées. *Pièce capitale du graveur. Rare.*

BARTOLOZZI (FRANÇOIS), *dessin. et grav.* 1730—1813.

94 Vénus, Cupidon et Satyre; d'après LUCAS GIORDANO; gr. in-Fol. en l. *grav. au burin*; *superbe épreuve avant la lettre. Rare.*

95 La Vierge et l'enfant, d'après SASSAFERATO. Belle. p. gravée d'un burin très gracieux. In 4. en h. *Épreuve avant toutes lettres.* Très rare.

96 Clytie, d'après AN. CARRACHE. Grande pièce en h. et *la plus parfaite de l'artiste.*

97 La mort du Capitaine Cook, d'apr. J. WEBBER. Les figures par Bartolozzi, le paysage par *W. Byrne.* In-Fol. en h. *Très-belle épr. à lettres tracées.* Rare.

BAS (JAQUES-PHILIPPE LE), *graveur au burin et à l'eau-forte*, 1708 — 1783.

98 Les quatres parties du jour: le matin, le midi, l'après-midi et

Nro.

le soir; belles et riches compositions, d'après *Berghem.* Tr. gr. in-Fol. en l.

99 Port de mer d'Italie, d'après *Vernet;* tr. gr. in-Fol. en l.

100 Depart pour la pêche, d'après le même; tr. gr. in-Fol. en l.

101 Anciens bains de Vaucluse. — *Encienne* Aqueduc de Preneste. 2 jolis paysages en l. d'après POELEMBOURG.

102 Prédication de St. Jean-Bapt. d'apr. FR. MOLA. Tr. gr. p. en l.

BASIRE (JACQUES), *grav. au burin, né à Londres vers* 1740.

103 Oreste et Pylade conduits devant Iphigénie, d'après E. WEST tr. grand in-Fol. en l. *Très belle pièce et superbe éprenve avant le lettre. Rare.*

BASSE (GUILLAUME DE), *peintre et graveur, v.* 1650.

104 Fuite en Egypte où la Vierge, assise sur l'âne conduite par S. Joseph, allaîte l'enfant Jésus; à gauche un grand arbre. *Grav. à l'eau-forte d'une pointe spirituelle.* H. 4, 6.-L. 4, 6. *P. rare inconnue à Zani.* (Sternberg, III, 2717.)

BAUDET (ETIENNE), *dessin. et graveur* 1643—1716.

105 Le Frappement du rocher, d'après N. POUSSIN; tr. gr. p. en l. *Z. III,* 178. *Très belle épr. d'une pièce capitale.*

106 Les quatre grands paysages héroïques de Sicile, ornés de sujets de l'histoire de Phocion. 1) Paysage avec des villes. 2) Autre partie du même paysage, à gauche un puits. 3) L'enterrement de Phocion. 4) La femme qui relève la terre. D'après N. POUSSIN; tr. gr. in Fol. en l. *Pièces capitales et très distinguées, en belles épreuves.*

107 Adam et Eve après leur péché; d'apr. LE DOMINIQUIN. Très-gr. p. en h. *des plus belles et des plus considérables de l'artiste. Z. II,* 249.

108 Le Christ mort sur les genoux de la Vierge, pleuré par les Saintes Femmes, d'apr. AN. CARRACHE. Tr. gr. p. en l. *Zani VIII,* 215. *BB. et véritable chef-d'oeuvre de notre artiste.* Très-rare.

109 St. Augustin et St. Guillaume invoquant la St. Vierge, d'apr. LANFRANCO. Belle p. in-F. en h.

110 L'Enlèvement des Sabines. Tr. gr. et sup. pièce en l. d'apr. N. POUSSIN. *Très belle épr.*

BECKET (ISAAC), *peintre et grav. en mezzo tinto, né en* 165[illegible]

111 Pan et Sirinx, in-Fol. en haut. *Mezzot. d'un bon travail. Très belle épr. Rare.*

Nro.

BECKWITH (H.), *artiste contemporain, né en Argleterre.*

112 The Widow, d'après c. HANEOCK, 1833; in-Fol. en l. *Très belle épr.*

BEGA (CORNEILLE), *peintre et graveur*, 1620—1664.

113 L'homme en manteau court (8). *Très rare.*

114 L'homme avec la main dans le pourpoint (10). — La fumeuse (11). Deux estampes.

115 La vieille (12.) — Le buveur (16.) 2 Estampes.

116 La femme portant un panier (18.) *Premier état. Belle épr.*

117 Le paysan allumant sa pipe (20).

118 La famille (21). *Morceau très rare.*

119 L'assemblée (23). — Le chanteur (27). Deux est.

120 La mère au Cabaret (31). *Anc. et belle épr.*

BEHAM (HANS-SEBALD), *peintre et graveur*, 1500—1550.

121 Moïse et Aron (8). *Très belle épreuve.*

122 Loth et ses filles (9). P. ronde.

123 Judith es sa servante (10).

124 Le chaste Joseph (14). *Très belle épr.*

125 Jésus-Christ et les Apôtres. Suite complète de 7 estampes (36 — 42.)

126 St. Jérôme assis devant un ange. (63.)

127 Didon (80). *Très belle épreuve.*

128 Sujets des travaux d'Hercule. (96, 105.) Deux est.

129 La mort et les sorcières (151). *Très belle épr.*

130 Le soldat appuyé sur une hallebarde (203.) *Rare.*

131 Têtes d'homme et de femme (219, 220). Deux est.

132 *La force.* Femme assise sur un lion. 1524. *P. très rare, non décrite par Bartsch.* (Brulliot Table gén. p. 498, 1016, 1.)

133 Le chemin de la Fortune. *Gravure en bois non décrite.* H 14, 6. - L. 11, 2. *Très rare.*

BELLA (ETIENNE DELLA), *dess. et grav. à l'eau-forte*, 1610-1664.

134 L'Entrée de l'Ambassadeur de Pologne (Comte Ossolinski) à Rome en 1633; Frise composée de 6 morceaux à joindre en l. *Jombert Nro.* 20. *Suite rare et fort amusante par l'agréable diversité des attitudes.*

135 Divers Paysages mis en lumière par Israël, dediés au Prince Louis de Bourbon. Suite compl. de 12 est. en l. 88. *Très belles épr.*

136 La perspective du pont-neuf de Paris. 112. *P. capitale et des plus considérables de l'oeuvre.* Gr. in-Fol. en l. *Belle et rare.*

Nro.

137 *Varii capricii militari.* 128. Suite compl. de 6 est. en l.

138 Les grandes chasses. 180. Suite complète et rare de 9 est. en l. *Anc. épr. avec marges virginales.*

BERGHEM (NICOLAS), *peintre et grav. à l'eau-forte*, 1624-1683.

139 La Vache qui s'abreuve (1). *Anc. et très belle épr. avant l'adresse de Schenck; de la plus grande fraîcheur.*

140 Le troupeau en repos (10). *Très belle épr.*

141 Le ruisseau traversé (12 a). *On lit sur la feuille:* BERGHEM F. 1665; *Remarque inconnae à B.* Très belle épr.

142 Les Vaches à la laitière. 1) Pâtre. La laitière appuyée sur une pierre, on y lit: *C. P. Berghem Fesit et Exud.* 1644. 2) Une vache marchant vers la droite. 3) Une vache vue de profil et dirigée vers la gauche. 4) Une vache marchant vers le devant à gauche. 5) Une vache vue par derrière, elle dirige ses pas vers le fond à droite. 6) Une vache vue de profil marchant vers la gauche (23 — 20). *Suite complète de six estampes très rares. Premier état avant les ciels terminés. Très belles épreuves (du Cabinet Gabel.)*

143 Le cahier à l'homme (35—40). Suite de 6 estampes.

BETTELINI (PIERRE), *graveur au burin, né en* 1748.

144 Sainte Martine sur le bucher, d'après PIETRO DE CORTONE; in Fol. en h. *Très belle épr.*

145 Le massacre des innocents, d'prés N. POUSSIN; gr. p. en l. *Très belle épr.*

BLOEMAENT (CORNEILLE), *dess. et gr. au burin*, 1603-1680.

146 Les peintures du plafond du palais Barberini à Rome, par P. BERETTINI di GORTONA. Dix est. gravées par Bloemart, Greuter et Cungius; gr. in Fol. en l. et en h.

147 S. Luc peint la Ste. Vierge, d'apr. RAPHAËL. In-Fol. en h. *Belle épreuve, mais endommagée.*

148 St. Pierre ressuscitant Tabita, d'apr. LE GUERCHIN. Gr. in Fol. en l. *Z. IX*, 242. *P. très rare et* CHEF-D'OEUVRE DU GRAVEUR. *Très belle épr. du I état mais légérement endommagée.*

BLOEMEN (J. F. VAN), *dit* HORIZONTI. *Peintre et graveur à l'eau-forte, né en* 1656.

149 Paysage en h. avec deux moines sur les devant de la droite. *Eau-forte du peintre.* H. 8, 10. - L. 6, 6.

150 Paysage avec deux arbres à la droite. *Idem.* Même dimension.

Nro.

BOISSART (ROBERT), *dess. et graveur, v.* 1590.

151 *Mascarades recueillies et mises en taille douce par R. Boissart Valentianois* 1597. Suite de 24 estampes (Costumes du temps) gr. in-4 en h. *Anc. et belles épreuves.* Rares.

BOISSIEUX (J. J. DE), *peintre, dess. et gr. à l'eau-f.* 1736-1810.

152 Intérieur d'une ferme; à droite un vieillard et 5 enfans. *Catalogue Rigal* Nro. 13. *Première et très rare épr.*

153 Vieillard assis, faisant lire un enfant. 18. *Epr. d'eau-forte.* Rare.

154 Vieillard donnant une leçon de botanique à cinq enfans dans un jardin. 20. *Pièce rare. Très belle épr.*

155 Tonneliers dans un caveau, P. dite: *les petits Tonneliers.* 23. *Première et sup. épr. avant la petite croix dans la marge du bas au dessous du tonneau. Inconnue et très rare.*

156 Vue du temple de la Sybille et de la cascade à Tivoli. 30. *Très-belle épr.*

157 „*Vue de L'isle Barbe sur la Saone à une Lieue de Lyon.*" 37. *Première et sup. épr. avec cette seule ligne de titre, tracée à la pointe.* Rare.

158 La Cascade, formée par une rivière qui serpente. 62. *Très belle épreuve.*

159 Moulin d'Italie près d'un rocher avec cascades. (81.) *Ancienne et très belle épreuve.*

160 La digue rompue, Gr. p. en l. (133.) *Anc. et très belle épr.*

BOL (FERDINAND), *peintre et graveur à l'eau-forte v.* 1650.

161 St. Jérôme (3.) *Pièce capitale et belle épreuve avec les imperfections du cuivre.*

BOLLERY (NICOLAS), *peintre à Paris v.* 1660.

162 *Livre de Portraiture, contenant par une facile instruction etc.* Paris 1610. Suite de 36 p. in-4. en l. A une des pièces: *Halbeeck F. Belles et très rares.* (Nagler II, p. 16.)

BOLSWERT (SCHELTE À), *dessinateur et graveur, né v.* 1586.

163 L'Entrée de Jésus-Chr. dans Jérusalem, d'apr. *D. Vinckbooms.* Composition en l. avec quantité de figures. *Zani VII,* 84. *Très belle épr. d'un des chefs-d'oeuvre de notre artiste.*

164 J. Chr. pris au jardin des olives, d'après A. VAN DYCK. Gr. p. en h. *Zani VII,* 185.

165 J. Christ en croix entre les deux larrons, d'après LE MÊME. Très gr. in-Fol. en h. *Zani VIII,* 27. *P. capitale et rare.*

Nro.

166 La Vierge tenant l'enf. Jésus sur ses genoux. — Autre Vierge adorant l'enf. Jésus. Deux estampes *fort rares* d'après LE PARMESAN. Pet. in-Fol. en h.

167 La mort du juste et celle du pêcheur. In-Fol. en h. *Rare.*

168 Sylène ivre conduit par des Satyres etc. d'après A. VAN DYCK. Grande p. en h.

169 L'Espiègle à la dispute entre le gras et le maigre, d'après B. À BOLSWERT. Gr. p. en l. *Belle et rare.*

BONIFAZIO (NATALE), *peintre et graveur à l'eau-forte de Sebenico en Dalmatie,* 1550—90.

170 La mort debout sur un piédestal entourée d'Allégories. Gr. p. en h. *Très rare.*

171 Cérémonie de la bénediction de la croix. Très grande estampe en h. *Natalis Bonifacius Sibenicensis Facieb. Romae A. D.* 1587. *Très rare.*

BORCHT (P. V. D.), *peintre et grav. à l'eau-forte, en* 1560.

172 Tournois dans la cour de Bruxelles. Gr. p. en l. PREMIER ETAT, *avant les mots*: DIE WARANDE etc. *et avant l'adresse de* ROMB. HOY. *Extrêmement rare.*

173 Quatre paysages avec sujets de la bible. En l.

BOS (CORNEILLE), *dess. et graveur,* 1506—1560.

174 Déposition de la croix où le corps mort de N. S. repose dans le giron de la Vierge, d'apr. LOMB. LOMBARDUS 1545. Grande et belle composition avec 16 vers latins dans la marge du bas. (Il paraît cependant que cette marge ne s'est pas trouvé à l'exemplaire décrit par *Zani* VIII, 235). *P. capitale et très rare. Épreuve superbe.*

175 Jésus Chr. enseignant ses disciples, d'après MICHEL-ANGE. Très grande estampe en l.

176 Vénus et l'Amour dans la forge de Vulcain. 1546. Gr. p. en l. d'apr. RAPHAËL. (Nagler p. 66.) *Rare.*

BOSSE (ABR.), *peintre, dess. et graveur,* 1610—1678.

177 *Le jardin de la Noblesse Françoise dans lequel ce peut cueillir leur manièrre de Vettements.* 1629. Suite de 18 très belles estampes in-4 en h. *Premier état, de la plus grande fraîcheur.*

178 Les Vierges sages et les Vierges folles. Suite de 7 est. in-Fol. en l. *Très belles épreuves et très fraiches.*

Nro.

179 Les quatre âges de l'homme. Suite de 4 estampes in-Fol. en l. *Épreuves superbes et de la plus grande fraîcheur.*

BOTH (JEAN), *peintre et grav. à l'eau-forte, mort en* 1650.

180 La femme montée sur le mulet (1). *Belle.*

181 Le pont de bois (10). *Belle épr.*

182 Les cinq sens. Suite de 5 estampes (11—15). PREMIER ÉTAT, *avant l'adresse de F. de Wit et avant les Nos au bas de la droite sous le trait carré. Superbes et de la plus grande fraîcheur.* EXTRÊMEMENT RARES.

BOULANGER (JEAN), *dess. et graveur, né en* 1613.

183 La Vierge et l'enfant tournés vers la droite. In Fol. en h. d'après VOUET.

184 Autre Vierge et enfant, tournés vers la gauche, d'apr. VOUET. In-Fol. en h. *Belles pièces au burin et rares.*

185 La Vierge avec l'enfant Jésus et St. Jean-Baptiste, d'après GUIDO RENI. Gr. in-Fol. en h. *Pièce capitale au maillet et très belle épr.*

BOURDON (SÉBASTIEN), *p. et gr. à l'eau-forte,* 1616—1671.

186 Le retour de Jacob Rob.-Dum. 1. *Premier état.*

187 La Vierge à l'écuelle 12. Pl. ovale. *Le Juge exc.* Cet état, *inconnu à R.-D.*, est antérieur à celui qui porte l'adresse de Mariette. *Belle épreuve.*

188 La même estampe. Épr. avec l'adresse de Mariette.

189 La Vierge au rideau 13. *Premier état.*

190 L'enfant Jésus foulant le péché 16. *Premier état.*

191 La même estampe. *Second état, avec l. l.*

192 La Fuite en Egypte. 18. *Belle épr.*

193 L'Ange conseille St. Joseph. 23. *Épr. avant l'adr. de Mariette.*

194 Fuite en Egypte. 25. *Premier état*, avant l'adresse.

195 Repos en Egypte. 26. *Premier état*, avant l'adresse.

196 Le retour d'Egypte. 27. *Premier état*, avant l'adresse.

197 La même p. *Troisième état*, l'adresse effacée et l'endroit couvert de travaux.

Morceaux non décrits.

198 La sainte Famille; à gauche St. Joseph appuyé sur un bâton. Au bas de la droite: *S. B.* Haut. 3, 6.-L. 3, 4.

199 Repos en Egypte; à droite la Vierge assise tenant sur ses genoux l'enf. Jésus, adoré par deux anges; à gauche St. Joseph fait boire

Nro.

l'âne. Au bas de la droite: *S. Bourdon* et au dessous: *P. Mariette excud.* Dans un ovale. L. 8, 2. -H. 6, 3.

200 La Vierge, assise à droite, tient sur ses genoux l'enf. Jésus, qui fait un geste vers un agneau placé au milieu de l'estampe. Au bas: *S. Bourdon* et à g. *Mariette excud.* L. 8, 3. - H. 5, 9.

BOVINET (EDME), *dess. et graveur, né en* 1767.

201 Orphée et Eurydice; d'apr. N. POUSSIN. Gr. in-Fol. en l.

BRAMBILLA (AMBR.), *architecte, dess. et gr. à l'eau-f. v.* 1580.

202 Le chemin du Salut à travers les Stations de Rome. Gr. p. en h. 1589. *Très belle épreuve.*

203 Vue de la ville d'Ancone. Grande pièce en l. *Rare.*

BREUGHEL (JEAN), *peintre et graveur, v.* 1589.

204 Paysage offrant la vue du château de Lovensteen entouré d'un fossé. Au bas de la droite: *J. breugel.* Grav. à l'eau-forte, *rare et inconnue aux Biogr.* L. 4, 8. -H. 3, 4. *Très belle épr.*

205 Vente de poisson à Schevelinghe. Gr. p. en l. gravée à l'eau-forte par *P. Chedel.*

BREUGHEL (PIERRE), LE VIEUX, surnommé LE DRÔLE, *peintre et graveur,* 1510—1570.

206 L'Espiègle assis dans l'echoppe d'un barbier et regardant différentes operations de chirurgie. Au haut de la gauche: BRUEGEL INVEN. 1557. *P. très rare, inconnue à Heineken.* L. 15 p. -H. 10 p.

207 Plaustrum Belgicum. — Prospectus Tiburtinus. 2 grands paysages en l.

BRION (E.), *artiste contemporain; Français.*

208 Repos de la Ste. Famille en Egypte; d'après RAPHAËL. In-Fol. en h. *Très belle épr.*

BRIOT (ANTOINE), *dessin. et graveur à Paris, v.* 1625.

209 *Le théâtre de la France contenant la diversitéz des habits selon les qualitez et conditions des personnes. Dedié à Messire Ch. Perrochel — grand Audiencier de France. A Paris* — 1629. Suite de 21 estampes (titre compris.) Costumes de gentilhomme, Damoiselles, Pages de la maison du Roi etc. In-4. en h. *Prem. épr. d'une grande fraîcheur.*

BROWNE (JOHN), *dess. et graveur,* 1719—1790.

210 Scène de Shakspeare: Marchand of Venice. Act. V. Scène 1. d'après W. HODGES, gr. in-Fol. en l. *Très belle épr.*

Nro.

BRUGGEN (J. VAN DER), *dess. et grav. en mez. tint. né* 1619.

211 Vénus endormie épiée par trois Satyres. *Mezzo tinto d'une bonne exécution.* Pet. in-Fol. en h. *Rare.*

BRUNN (ISAC), *dess. et grav. né a Presburg*, 1590—1615.

212 La cathédrale de Strasbourg. *Pièce capitale et très rare.* H. 19, 6. - L. 13, 6. *Anc. et très belle épr.*

213 Vue de l'Intérieur de cette Cathédrale. *P. pareille.* Même dimension. *Idem.*

BRY (J. TH. DE), *dess. et graveur, né en* 1561.

214 L'âge d'or, d'apr. A. BLOEMART. *Pièce rare et recherchée.* Gr. in-4. de forme ronde.

215 La même estampe. *Premier état, avant l'adresse de Wolff.* Très belle.

216 Le triomphe de Jésus-Christ, d'apr. LE TITIEN. Frise en l. *Estampe capitale et très rare. Très belle épr.*

217 Le voyage et les nôces de Rebecca, d'apr. B. PERUZZI. *Très belle est. et pendant de la précédente.*

218 La création d'Eve, dans un beau paysage orné d'animaux. *P. très rare, inconnue aux Biographes.* H. 15 p. - L. 10, 6. *Très belle épr avec 6 l. de marge.*

BURGMAIR (HANS), *peintre et graveur*, 1473—1530.

219 Vénus et Mercure (1). *Très belle épr.*

220 Jésus-Christ à la croix (19). *Gravure en bois* d'une grande dimension. *Épreuve non décrite*; elle est sans monogramme ni inscription. *Très rare.*

221 Images des Saints et Saintes issus de la famille de l'Empereur Maximilian I. Suite de 119 belles gravures en bois (82). *Très bel exemplaire sur grand papier.* Rare.

BYE (MARC DE), *peintre et graveur*, 1612—1670.

222 Différents chèvres et boucs. Suite de 8 estampes (1 — 8.) *Anc. et belles épr.* avant l'adresse de *Schenk.*

223 Les chasses. Suite de 4 estampes *rares* (57—60).

224 Le Muletier. (78.) *Morceau extrêmement rare.*

225 Différents moutons. Suite de 16 est. (79—94.) *Pr. Etat, avant* le *Nro.* 8 ajouté à la suite du mot *excud. Très belles et rares.*

BYRNE (WILLIAM), *gr. à la pointe et au burin*, 1740—1805.

226 Beau paysage montagneux; au milieu des pêcheurs près d'une chûte d'eau; d'après ZUCCARELLI. *Les figures gravées par F. Bartolozzi.* Gr. p. en l. *Très belle épr.*

Nro.

CALLOT (JACQUES), *peintre et gr. à l'eau-f.* 1592—1635.

227 Le triomphe de la Vierge. *Heinecke p.* 509, Nro. 11. Grande p. en h. *Anc. et belle épr.*

228 La tentation de St. Antoine; 509, 21. *Pièce capitale et la plus recherchée de l'oeuvre.* Gr. in Fol. en l. *Rare.*

229 Jupiter foudroyant les géants. *Morceau très rare* in-Fol. en l. 511, 2.

230 Le parterre du palais de Nancy; 515, 55. *Premier Etat* avant l'adresse de Silvestre. *Rare.*

CARAGLIO (JACQUES), *dess. et graveur,* 1512—1570.

231 Le mariage de la Vierge (1). Grande p. en h.

232 La bataille au bouclier sur la lance. Gr. p. en l. (59.) *Cette estampe est une des plus considérables de l'oeuvre et une des plus parfaites qui ait été exécutée d'après* RAPHAËL.

Morceaux non catalogués:

233 La nativité de J.-Christ. *Pièce très rare décrite par Zani, V,* 70, *IX. Belle épr.*

234 La Samaritaine au puits, grande p. en h. *Zani VI,* 274. *Premier Etat avant l'adresse de Rossi.*

235 Adam et Eve pleurant la mort d'Abel. Gr. p. en h. (*Winkler* 3275.) *Premier Etat avant toute adresse.* Très belle.

236 Apollon écorchant Marsyas. Gr. p. en h. et du même faire que la précédente. *Belle épr. avec la 1e adresse de* LAFRERY.

CARRACHE (ANIBAL), *p. et gr. à l'eau-f.* 1560—1609.

237 L'adoration des bergers (2). *Belle épr.* (du Cab. Gabet.)

238 Le conronnement d'épines (3). *Belle épr. avant la retouche.*

239 La Vierge au corbeau blanc (4). *Très belle épr.*

240 St.-François d'Assise (15). Essai au burin. *Rare.*

241 Jupiter et Antiope (17). *Morceau rare.*

242 La soucoupe (18). *Estampe fort rare, gravée par Annibal dans le temps de sa plus grande force. Le dessin et les expressions y sont portées au plus haut degré possible.*

243 La Vierge avec l'enf. Jésus, accompagnée de Ste. Claire et de St. Joseph. Cette p. *effectivement gravée par Anib. Carrache* et citée par *Gori p.* 225, *est toute autre que celle* décrite par Bartsch p. 204 et 303. — H. 5, 11. -L. 4, 8. *Très rare.*

CARRACHE (AUGUSTIN), *p. et gr. à l'eau-forte,* 1557—1602.

244 St.-Jerôme (74). *Cette pièce dessinée avec fermete et gravée librement, est une des plus parfaites de notre artiste.*

Nro.

245 St.-Jérôme à genoux (75). *Estampe capitale et très-belle épr. de la pl. terminée*, mais avant que la marge du bas, contenant les deux distiques et la dédicace, ait été soudoyée à la planche, *ce qui constate un état intermédiaire aux deux connus de Bartsch. Très rare.*

246 Enée sauvant Anchise (110). *P. fameuse executée par Augustin dans le tems de sa plus grande force.*

247 Le vieillard et la courtisanne (111). *P. extr. rare.* Trés belle d'impression, mais tachée et endommagée en quelques endroits.

248 Pan dompté par l'Amour (116). *Ce beau morceau réunit une grande précision à la plus belle exécution.* Rare.

249 Andromède attachée à un rocher (125). Des petites p. l. *Rare.*

250 Vénus accompagnée d'Amours (129). *Idem.*

251 Vénus châtiant l'Amour (135). *Idem.*

252 Titre pour l'histoire de Crémone (192). *Premier état avec l'annee 1583. Rare et inconnu à B.*

CASALI ou **CAZALI** (ANDRÉ), *peintre et graveur à l'eau-forte né en 1724, flor. à Londres v. 1760.*

253 *Etward the Martyr;* un homme prêt à poignarder le prince Edouard, qui est à cheval. Grande pièce en h. *Belle eau-forte du peintre.* (Nagler p. 413.) *Épreuve avant la lettre. Très rare.*

CAVALERIIS (J. B. DE), *dess. et gr.* 1525—1590.

254 Les Martyrs de l'Église anglicaine. (*Ecclesiae Anglicanae Tropheae, sive Sanctior. Martyrum, qui pro Christo — mortem in Anglia subierunt etc. Romae — MDLXXXIIII.*) Suite de 36 est. in Fol. en h. d'apr. les peintures de NIC. CIRCIGNANO. *Belles compositions et p. très-rares.* (Nagler II. 553.)

255 Le massacre des Innocens, d'apr. B. BANDINELLI. Très gr. p. en l. *Zani* 338, *II. P. capitale du graveur.*

CHAMBARS (THOMAS), *dess. et gr. au burin, v.* 1750.

256 La mort de Turenne; d'apr. LENOIR. Grande et belle composition en l. *Très belle épr.*

CHARPENTIER (RÉNÉ LE), *dess. et grav.* 1733—1786.

257 Les pêcheurs industrieux, beau paysage; d'apr. PATEL; tr. gr. in-Fol. en h. *Très belle épr.*

CHIARI (FABRICE), *peintre et grav. à l'eau-forte* 1621—1695.

258 Mars et Vénus; gr. à l'eau-forte d'apr. NIC. POUSSIN; in-Fol. en l. *Rare.*

Nro.

CLAIRS-OBSCURS DE MAITRES ITALIENS ET AUTRES.

259 Eve, d'après BECCAFUMI, par *A. Andréani* (B. XII, p. 21, Nro. 1.) Clair-obscur de 3 planches.

260 L'adoration des Mâges, d'apr. LUVINI, par *le même* (30, 4.) Idem.

261 Jésus-Christ à table chez Simon le Pharisien, d'apr. RAPHAËL par *Hugo da Carpi* (40, 17). Clair-obscur de 3 pl. *Très rare.* (Du cabinet Gabet).

262 La Vierge entourée de Saints, d'apr. LE PARMESAN, par *Alex. Ghandini* (65, 25). Clair-obscur de 3 pl.

263 St. Jérôme, d'après LE GUIDE par *B. Coriolan* (83, 33). Clair-obscur de 3 pl.

264 La même pièce. *État antérieur, non décrit, c'est à dire avant l'inscription* GUID. RHEN. *au bas de la gauche et avec les lettres* G. R. I. *au haut de la droite, à la place des trois griffes et de la croisette.* Très rare.

265 Sybille, d'après LE GUIDE par *B. Coriolan* (88, 3). Clair-obscur de 2 planches.

266 Autre Sybille, d'apr. LE MÊME par *le même* (88, 4). Idem. *(Du Cab. Gabet.)*

267 Autre Sybille, d'après LE MÊME par *le même* (88, 5). Idem. *(Du Cab. Gabet.)*

268 Circé d'après LE PARMESAN (111, 8). Clair-obscur de 2 pl.

269 La Vertu, d'apr. J. LIGOZZI par *A. Andréani* (130, 9). Clair-obscur de 4 planches. Epreuve sans les mots: *Firenze* 1585. *État non décrit.*

270 L'alliance de la paix, d'après LE GUIDE par *B. Coriolan* (131, 10). Clair-obscur de 2 pl.

271 L'homme assis vu par le dos, d'après LE PARMESAN par *A. de Trente* (148, 13). Cl.-obscur de 2 pl. *d'une singulière beauté pour la correction du dessin et la légéreté de la touche.* Ce morceau spirituel, cité par *Vasari, est très rare.*

272 Enée emportant Anchise, d'apr. LE PARMESAN par *A. M. Zanetti* (175, 35). Cl.-obscur de 3 pl. *Très beau et rare.*

273 St. Jean l'Evangéliste (180, 47). Cl.-obscur de 2 pl. *Idem.*

274 Dieu apparaissant à Isac, d'apr. RAPHAËL (188, 68). *Pièce capitale et rare,* à 3 planches.

Morceaux non décrits.

275 Buste d'un homme à tête chauve, vu de face. Clair-obscur de 2 planches. H. 6, 6. -L. 5 p.

Nro.

276 Académie d'un homme nu, tourné vers la droite et appuyé sur un piédestal. Clair-obscur de 2 pl. H. 13 p. — L. 6, 9.

277 Jésus Christ en croix, au pied de laquelle la Madelaine agénouillée et tournée vers la droite. Cl.-obscur de 2 pl. *Très belle p. inconnue à Zani.* H. 13, 8. — L. 9, 9. *Fort rare.*

278 St. Sébastien attaché à un arbre et percé de flèches. Au bas de la g. les monogrammes 54 et 344 de B. (Vol. IX, p. 37 et 574). Clair-obscur de 3 planches H. 15, 8. -L. 10, 3. *Très beau morceau* (du Cab. Gabet) *et fort rare.*

279 Danaé recevant la pluie d'or. Au bas de la gauche à un Vase: DANAE. Cl.-obscur de 3 pl. L. 19 p. -H. 13, 9.

280 Sacrifice, d'après L' ANTIQUE. Superbe composition de forme ovale. Clair-obscur de 2 pl. gravée par J. Busch. *Morceau fort rare,* appellé: *le Cachet de Michel Ange.* L. 19, 3. -H 14, 8. Marges non comprises.

CLAUSSIN (J. DE), *dess. et gr. à l'eau-forte, v.* 1810.

281 Têtes de béliers, moutons et brébis. Suite de 6 gravures à l'eau-forte, d'après K. DUJARDIN, in-8. en l. *Très belles épr.*

282 Cavaliers polonais à cheval. — Herault et Nain polonais. — Études de têtes. 4 estampes d'apr. DELLA BELLA.

CLERCK (J.-FR.), *artiste moderne, gr. en mezzot. v.* 1790.

283 Pyrrhus enfant devant Glaucias, roi d'Illyrie; d'après ANG. KAUFFMAN. Tr. gr. p. en l. *Très belle épr.*

CLEMENS (JEAN-FRÉDÉRIC), *dess. et gr. au burin,* 1757—1831.

284 La mort du général Montgomery dans la bataille devant Quebec au mois de Dec. 1775; d'après JOHN TRUMBULL. Tr. gr. in-Fol. en l. *Pièce capitale et recherchée. Très belle épr.*

285 Fridericus Wilhelmus II. Borussorum Rex, en rond; d'apr. H. SCHROEDER; avec la dedicace à la Duchesse de York 1793; in-Fol. en h. *Idem.*

COCHIN (NIC.) L'ANCIEN. *Dess. et graveur, né en* 1619.

286 Le triomphe de David. Z. III, 308. *Prem. état.* — St. Jean B. prêchant au peuple. *Idem.* 2 est. in-Fol. en l. *Très belles épr.*

287 Le martyre des Apôtres. Suite de 15 pet. est. en h.

288 Le chasteau royal de sainct Germain en Laye. —Viliers Costret — Anet — Valeri — Folembray — Gaillon. Suite rare de 6 est. in 4. en l. *Anciennes et belles épr.*

COLLAERT (ADRIEN), *dess. et gr. au burin v.* 1586.

289 Les douze empereurs romains, d'après les descriptions de

Nro.

Suëtone et les dessins de *Stradan*, avec six vers latins au bas. Suite compl. de 14 est. en h., titre compris. *Rare à trouver complète. Superbes épreuves.*

290 Les quatres parties du monde. Suite compl. de 4 estampes in-Fol. en l. *Très belles épr. du premier état.*

291 Les Planètes accompagnées de beaux sujets allégoriques. Suite compl. de 8 estampes, titre compris. Gr. in-Fol. en h. *Belles épreuves du premier état.*

COLLAERT (JEAN), *dess. et graveur, né en* 1545.

292 La construction de la tour de Babel. Suite de 3 est. in-Fol. en l. *Premier état, avant les Nos. et l'adresse.*

293 Les Prophètes de l'ancien testament. Suite de 4 estampes in-Fol. en l. *Très belles épr. du premier état.*

294 L'histoire de Jeroboam. Suite de 6 estampes in-Fol. en l. *Premier état, avant les doubles Nos. et la seconde adresse.*

295 Sujets de la vie de David. Suite de 4 est. in-F. en l. *Prem. état.*

296 Sujets de l'histoire de Daniel. Suite de 6 gr. p. en l. *Prem. état.*

297 Paraboles du nouveau testament. Suite des 6 estampes in-Fol. en l. *Premier Etat.*

298 Les sept Planètes dans des ovales, d'apr. STRADANUS. Suite complète de huit estampes, titre compris. In-Fol. en l.

COLLIGNON (FRANÇOIS), *dess. et gr. né à Nantes en* 1621.

299 Les quatres saisons. Suite de 4 paysages en l. *F. Collignon in. et f.*

COORNHAERT (DIRK), *savant et gr. à l'eau-f., né en* 1522.

300 Le triomphe de la patience. Suite de 8 est. in-Fol. en l. *Premier état avant l'adresse de Galle.*

CORNEILLE (MICHEL), *peintre et graveur*, 1642—1708.

301 St. Pierre et St. André quittant leur profession pour suivre Jésus-Christ. *Eau-forte capitale du peintre. Gr. in-Fol. en h. Premier état avant toutes lettres et les armes. Très rare.* SUPERBE ÉPREUVE.

CORREGGIO (ANT. ALLEGRI, dit), *peintre de la plus haute renommée*, 1494—1534.

302 Vénus couchée dans une conque, couronnée et entourée de Divinités de mer. Au bas de la droite: *A. Coregio F.* In-4. en l. *Morceau très rare, gravée à l'eau-forte avec infinement d'esprit.* (Heinecke, p. 337. - Sternberg 3429.) *Très belle épr.*, mais avec quelques taches d'huile.

*

Nro.

CORT, (CORNEILLE), *dess. et graveur*, 1530—1578.

303 La Vierge avec l'enf. Jésus et St. Joseph assise au bord d'une fontaine, 1575, d'après FR. BAROCHE; gr. p. en h. *Premier état avant l'adresse; très belle épr.*

304 La sainte Cène, 1578, d'apr. L. AGRESTI. Tr. gr. in-Fol. en h. *Premier état avant le nom de Cort. Idem.*

305 La transfiguration, d'après le fameux-tableau de RAPHAËL. Tr. gr. in-Fol. en h. *Anc. et belle épr. avant l'adresse d'Orlandi.*

306 La bataille des éléphants entre Pyrrhus et les Romains, 1567. d'apr. LE MÊME; gr. in-Fol. en l. *Prem. état avant le nom. Très belle épreuve signée* MARIETTE 1668.

307 Diane au bain découvrant la grossesse de Callisto. Grande et belle p. en h. d'après LE TITIEN.

COXIE (MICHEL), *peintre de Malines*, 1497—1592.

308 Le Serpent d'airain. *Morceau extrêm. rare. Zani III*, 211.

DANZEL (JÉRÔME), *grav. à l'eau-forte et au burin*, 1755—1810.

309 Le gâteau des rois; riche composition; d'apr. GILLES VAN TILBORGH; tr. gr. Fol. en l. *Très belle épr.*

310 Le roi boit; riche composition et pendant; d'après LE MÊME; tr. gr. Fol. en l. *Idem.*

DAULLÉ (JEAN), *dess. et graveur*, 1703—1763.

311 Les différents travaux d'un port de mer; d'après VERNET; tr. gr. in-Fol. en l. *Belle pièce et très belle épr.*

312 Le Pélerinage; d'après LE MÊME; tr. gr. in-Fol. en l. *Avant toute lettre. Idem.*

313 Paysannes au bord d'une rivière. Gr. p. en h. d'apr. DICTRICY. *Ancienne et belle épr.*

314 Vénus endormie surprise par des Satyres, d'apr. N. POUSSIN. Gr. p. en l. *Très belle et rare.*

DELFF (GUILLAUME), *peintre et grav. au burin*, v. 1620.

315 Le grand tonneau de Heidelberg. Gr. p. en l. *Belle et rare.*

316 Fréderic-Henri prince d'Orange. Grand portrait en h. d'après MIEREVELDT.

317 Florentin comte de Culenborch. Grand portrait en h. d'après MIEREVELDT. *Très belle épr.*

318 Françoise de Coligny, princesse d'Orange. Grand portrait en h. d'apr. MIEREVELDT. *Très belle épr.*

319 Lubbert Gerritz. — Rumoldus Hogerbeets. Deux portraits in-4. en h. d'apr. MIERFVELDT. Très belles.

Nro.

DESBOIS (MARTIAL), *dess. et grav. français, v.* 1670.

320 Portrait de Charles Rainaldini, philosophe et célèbre mathématicien, vu à mi-corps, dirigé à gauche et regardant de face. Dans la bordure: *Carolus Renaldinius — Primae Sedes.* Au bas dans un cartouche: *Carolus — vidi* et plus bas à g. „*MDesbois Gallus* légèrement tracé à la pointe. *Ce portrait, resté inconnu à Rob.-D., est un des plus beaux de l'oeuvre.* Très belle épr. et d'une grande fraîcheur. H. 10 p. -L. 6, 9.

DEUTECUM (LUCAS À), *dess. et graveur, v.* 1585.

321 Sujets de la vie de J.-Christ. Suite de 14 estampes in-Fol. en l. (titre compris.) *Belles épreuves.*

DEYSTER (L. DE), *peintre et grav. à l'eau-forte,* 1656—1711.

322 Agar s'enfuyant (1). — Agar engagée (2). *Belles épreuves sur papier de chine. Rares.* 2 estampes.

323 La Madelaine (5). — Deux Amours (6). *Belles épreuves sur papier de chine. Rares.* 2 estampes.

DIETRICH ou **DIETRICY** (CH.-G.-ERN.), *peintre et graveur à l'eau-forte,* 1712—1774.

324 La fuite en Egypte. *Heinecke, Vol. IV. p.* 679. *Nro.* 14. In-4. en h. *Épr. avant la retouche, le lavis et le Nro.* Rare.

325 J.-Christ guérissant les malades. Composition de 26 figures, 1731. *P. extrêmement rare.* In-Fol. en l. 686, 20. PREMIER ÉTAT. *Très belle épr.*

326 Néron tourmenté par les furies, 682, 4. In-4. en l. *Pièce fort rare.* (Du cabinet *Gabet.*)

327 Bergers conduisant un troupeau vers la droite, 683, 6. In-Fol. en l. PREMIER ÉTAT, *à l'eau-forte pure, avant la retouche et le Nro.* Très rare.

328 Le dîner; Famille groupée autour d'une table, 692, 11. In-4. en h. *P. extrêmement rare. Très belle épr.*

329 La faiseuse de Pankoukes, 692, 12. *Très belle estampe, extrêmement rare. Epreuve superbe* (du cab. *Gabet.*)

330 Vieillard à mi-corps, assis et tourné vers la droite, 695, G. 1. *Pièce très rare.* Belle épr. (du cabinet *Rigal.*)

331 Jeune fille, vue à mi-corps et tournée vers la droite, 695, G. 2. *P. très rare.* Belle épr. (du cab. *Rigal.*)

332 Grand paysage offrant une auberge de muletiers. 697, 8. *Un des plus beaux ouvrages de l'artiste.* PREMIER ÉTAT. *Très belle épr.* (du cabinet *Held.*)

Nro.

333 **Autre grand paysage avec pyramide et conducteur de mulets.** 701, 25. *Épreuve avant le Nro.*

334 Paysage en h. dans le goût de *Salvator Rosa*, 702, 3. *Premiere et très belle épr. avant que le rameau de l'arbre ait été effacé du parois des rochers.* Très rare.

DOLENDO (BARTH.), *dess. et gr. né à Leyde en* 1560.

335 St. Jean prêchant au peuple. *P. capitale du grav.* in-Fol. en l.

336 Lucrèce se donnant la mort. In-4. en h.

DREVET (PIERRE), LE PÈRE, *dessin. et grav.* 1664—1739.

337 Louis-Alexandre de Bourbon, Comte de Toulouse, amiral de France, représenté en cuirasse dans une bordure ovale, d'apr. *H. Rigaud.* Grand portrait en h. *Très belle épr.*

338 La Vierge assise à terre dans une campagne et tenant entre ses bras l'enfant Jésus, d'apr. LE CORRÈGE. Grande et belle p. en h. *Très belle épr.* Rare.

DREVET (PIERRE), LE FILS, *dess. et gr. au burin* 1697—1730.

339 L'annonciation à la Vierge. Grande p. en h. d'après A. COYPEL. *Ancienne et très belle épr.*

340 La présentation au temple, d'apr. L. DE BOULLOGNE. P. capitale de l'artiste et *veritable chef-d'oeuvre de gravure. Épr. très belle et très fraîche*, seulement avec quelques legers endommagements et une tache au haut de la gauche. *Très rare.*

341 La résurrection de N. S. Jésus Christ; d'après J. ANDRAY, gravée par *P. Drevet à l'age de* 19 *ans.* Tr. gr. in-Fol. en h. *Fort belle pièce et très belle épr.*

342 Portrait de J.-Ben. Bossuet, évêque de Meaux, vu en pied et debout près d'une table, d'apr H. RIGAUD. Grande p. en h. *Rare et recherchée.*

DUCHANGE (GASPARD), *dess. et grav.* 1662—1757.

343 Le Sacrifice de Jephté; *Quot Victimae in una!* d'après *Ant. Coypel;* tr. gr. in-Fol en l. *Très belle épr.*

344 J.-Christ au tombeau, d'apr. P. VERONÈSE. Gr. p. en h.

345 Diane servie par ses Nymphes. Tr. gr. p. en l. d'apr. A. COYPEL.

DU CERCEAU (JAQUES ANDROUET), *architecte et graveur à l'eau-forte*, *v.* 1580.

346 **Différents sujets de Serrureries pour écussons de clefs, bourtois, ratissoirs, clefs de chedoeuvre etc.** ***Suite extrêmement rare*** **de 20 estampes in 4. en h.**

347 Vues du château de *Chanbourt* (Chambord) savoir: la Face du

Nro.

devant; la Face du derrière et le plan du bâtiment. Suite de 3 estampes gr. in-Fol. en l. *Très rares.*

348 Cinq vues du château de Montargis avec les jardins; les galleries des Charpenterie; la circonferance du batiment depuis la porte de Paris jusqu'à la porte d'Orléans etc. imprimées sur 4 feuilles gr. in-Fol. en l. *Très rares.*

DUGHET (GASPARD), *dit* GASPRE-POUSSIN, *peintre et graveur à l'eau-forte,* 1613—1675.

349 Marine, où l'on voit à droite près d'un rocher escarpé, au dessus duquel est une ruine, plusieurs hommes dans un bateau occupés à charger des marchandises et à gauche au second plan de grands rochers; du même côté un homme assis au milieu et plus en avant un grand arbre, s'élevant jusque au bord supérieur de la planche; à droite le soleil se levant de la mer rayonne à travers des nuages; dans la marge du bas à gauche les lettres: *G. D. S.* qu'on interprête par *Gasp. Dughet Sculpsit.* Pièce très rare in-F. en l. gravée d'une pointe très spirituelle et non décrite ni par *Bartsch* ni par *Rob.-Dumenil. Très belle épr.*

DUPUIS (NIC.-GAB.), *graveur au burin,* 1696—1771.

350 L'esperance au Hazard. — Le Reveil maladroit; d'apr. SCHENAU. Deux est. in-Fol. en h. *Très belles épreuves.*

DÜRER (ALBERT), *peintre et graveur à l'eau-forte et au burin,* 1471 — 1528.

351 Adam et Eve debout près de l'arbre de la vie, 1504. (1) *Pièce capitale et des plus belles de* DURER. *P. rare. Epreuve très belle, d'un ton vigoureux et d'une bonne conservation.*

352 Adam et Eve debout près de l'arbre de la vie, 1504 (1) *Original, colorié par un ancien maître allemand, qui a signé au bas en lettres d'or H. W. G. Très belle.*

353 La Vierge au singe (42). *Pièce rare.*

354 Le ravissement d'une jeune femme, 1516 (72). *Gravée a l'eau-forte sur une planche de fer. Rare.*

355 L'Apocalypse de St. Jean. Suite complète de 16 gravures en bois (60 – 75). *Rare.*

356 Le portrait d'Alb. Durer. Gravure en bois (156, A.).

357 Albert Durer vu en pied et représenté deux fois sur la même planche (d'après ses propres tableaux de 1509 et 1517) au devant d'un monument d'architecture. Belle gravure en cuivre par LUCAS KILIAN. In-Fol. en h. (*Heller,* 1.)

Nro.

358 La Vierge au singe. Gravure en bois d'après l'estampe Nro. 42. *M. U. Sears sc. London.* In Fol. en h. *Inconnue à H.*

359 Ste. Famille dans un paysage; gravée à l'eau-forte par *V. Denon.* In 4. *Inconnue à Heller.*

360 St. Antoine, St. Sebastien et le turc dans un paysage (Hell. 700). *P. extrêmement rare,* gravée par JULES SANUTI. *Très belle épr.*

DUSART (CORNEILLE), *peintre et graveur à l'eau-forte,* 1665 — 1704.

361 Les crieurs (1). *Premier état avant que la planche ait été mise en ovale. Très rare. - Très belle épr.*

362 Le couple ivre (7). *Très belle épr.*

363 Le chirurgien de village (13). *Premier état, avant l'adresse, non mentionée et fort rare. Très belle épr.*

364 Le violon assis (15). PIÈCE RARE. *Très belle épreuve et de la plus grande fraîcheur.*

365 La fête de village (16). *P. capitale du graveur. Belle épr.*

DU SART (THOMAS), *artiste flamand, sur lequel on n'a pas de données.*

366 Trois enfans faisant monter des boules de savon au dessus d'un quatrième, couché a terre. Au bas: *W. van Valckert inven. Tom. du Sart schulp.* ELK ZYN TYT. H. 5, 10. — L. 4, 6. *Épr. d'une grande fraîcheur et très rare.*

DYCK (ANTOINE VAN), *peintre et graveur à l'eau-forte, né a Anvers en 1599, mort à Londres en 1641.*

367 Nativité ou adoration des bergers; la Vierge tenant l'enfant Jésus sur ses genoux, est assise à droite à côté de St. Joseph; à gauche les bergers; en haut une gloire d'anges; au milieu du bas: *A. van Dyck I. F.* Pet. in-Fol. en h. *Gravure spirituelle à l'eau-forte à grosses tailles. Estampe très rare incon. à* ZANI.

368 J.-Christ insulté par un de ses bourreaux, sujet dit; *le Christ au roseau.* In-Fol. en h. *Anton. van Dyck inuenit et fecit aqua forti.* ZANI VII, p. 241. *Gravure capitale du peintre.*

369 J.-Christ mort sur les genoux de la Vierge. *Gr. à l'eau-forte d'une pointe fort spirituelle.* ZANI VIII, 226, A. *Très rare.*

DYCK (DAN. VAN DEN), *peintre et grav. à l'eau-forte, v.* 1648.

370 La chaste Suzanne; *Daniel van den Dyck in et fecit; Rob. - D. 1. Belle pièce et très belle épr.*

371 La Vierge et l'enfant Jésus. 2. *Belle.*

372 La Déification d'Enée; 4. Grande et belle p. en l.

Nro.

373 Bacchanale; 5. Grand in-Fol. en l. *Belle composition et très belle épreuve.*

EARLOM (RICHARD), *dess. et graveur à l'eau-forte et en mezzotinto né en* 1728.

374 Jacob cachant les Idôles de Laban. Grande p. en l. d'après S. BOURDON. Gravée à l'eau-forte.

375 *A Fruit Piece*; fruits dans un panier posé à terre, d'apr. M. V. CAMPIDOGLIO. In-Fol. en l. *Mezzotinto.*

376 Le triomphe de Mardochée, d'apr. *G. v. d. Eckhout.* Tr. gr. in-Fol. en l. *Pièce capitale et très belle épr.*

377 *The Misers;* les Avares, d'apr. Q. MESSIS. Grande p. en h. *Très belle épr.*

378 *A Fruit Market.* Le marché aux fruits. Gr. p. en l. d'apr. SNYDERS et LONG-JOHN (Lange-Pier). *Très belle épr.*

379 *A Herb Market.* Le marché aux herbes, d'aprés LES MÊMES. *Très belle épr.*

380 *A Fish Market.* Le marché aux poissons, d'apr. LES MÊMES. *Très belle épr.*

381 *A Game Market.* Le marché au gibier et de volaille, d'apr. LE MÊME. *Très belle épr.* — Les 4 morceaux précédents, connus sous le nom de: *Marchés d'Earlom* sont de véritables chefs-d'oeuvre des peintres et du graveur. *Ils sont fort rares.*

382 La descente de croix, d'après le fameux tableau de RUBENS à la Cathédrale d'Anvers. Tr. gr. in-Fol. en h. *Pièce capitale et superbe épreuve.* Rare.

383 Moïse recevant les tables de la loi au mont Sinaï, d'apr. B. WEST. Tr. gr. p. en l. *Très belle épr. avant l. l.* Rare.

384 Angélique et Médore, d'aprés LE MÊME. Grande p. en h. *Très belle épr.*

385 Una et son lion fidèle en repos sous un arbre, d'apr. LE MÊME. Gr. p. en h. *Très belle épr. avant l. l.* Rare.

EDELINCK (GÉRARD), *dess. et grav. au burin* 1649—1707.

Morceaux fort rares, gravés sous le nom de C. Galle:

386 Fuite en Egypte. In 4. en h.

387 J. Christ conduit devant Pilate. In-4. en h.

388 J. Christ bénissant les enfants. In-4. en h.

389 Le martyre de St. Angelo, carmelite. In-4. en h.

390 St. Pierre et St. Paul, à mi-corps. In-4. en h.

391 La visitation de la Vierge. In-4. en h.

Nro.

392 Le combat des quatres cavaliers, d'après L. DA VINCI. Gr. p. en l. Au bas de la g. *L. d'la Finse pin.* Très belle épr.

393 Alexandre dans la tente de Darius, d'apr. P. MIGNARD. Tr. gr. p. capitale en l. de 2 feuilles non assemblées. *Belle épr.*

394 Moïse tenant les tables de la loi, d'apr. PH. DE CHAMPAIGNE. Tr. belle et grande p. en h.

395 Jésus Christ en croix environné d'anges, d'apr. CH. LEBRUN. P. dite: *le Christ aux anges.* Grande et superbe estampe de 2 feuilles en h. non assemblées. *Anc. et très belle épr. avec les essais de burin. Marge virginale.* Rare et recherchée.

EISMANN, dit **BRISIGHELLA** (CHARLES), *peintre et graveur à l'eau-forte, né en* 1709.

396 Les quatres saisons: *Ver, Aestas, Autumnus, Hyems,* réprésentées par de beaux paysages. Suite de 4 est. in-Fol. en l. *Grav. à l'eau-forte d'une pointe délicate et spirituelle. Rares.*

EREDI (BENÔIT), *graveur, né a Florence en* 1750.

397 La vie de S. Jean-Baptiste, avec les quatres vertus cardinales; d'après les fameux tableaux en fresque D'ANDREA DEL SANTO, au cloître della Scalza à Florence. *Suite complète de quatorze estampes.* In-Fol. en l.

EVERDINGEN (ALDERT VAN), *p. et gr. à l'eau-f.* 1621—1675.

398 Paysages (30—33). Suite de 4 estampes *avant la retouche.*

399 Les deux hommes sur la terasse (46). — Marine à travers le rocher percé (47). Deux estampes.

400 Le cavalier sur le petit pont (50). *Très belle épr.*

401 La nacelle retirée (52). — Le chariot (73). Deux est.

402 La branche d'arbre (79). — Le paysan (80). Deux est.

403 Les deux chariots (85). *Très belle épr.*

404 La nacelle attachée au bord de l'eau (88).

405 Le renard accusé (p. 221, 3). — Le lion prenant l'avis (7). *Premier état*, avant le texte au verso. *Belles et rares.*

406 L'ours est pris (10). — Le bélier (35). *Premier état*, comme au précédent Nro. *Idem.*

407 Les deux mêmes morceaux (10 et 35). *État antérieur*, avant la retouche, le ciel etc. *Très rares et belles.*

F. G., *vieux graveur allemand, v.* 1535.

408 Alexandre et Talestris. (B. vol. IX. 25; 3.) *Premier état avant l'adresse.* Très belle épr.

409 Vulcain et les Cyclopes, forgeant des flèches (4).

Nro.

FALCK (JÉRÉMIE), *dess. et grav. polonais*, 1629—1709.

410 St. Pierre voit en sommeil le panneau avec les bêtes tenu par les anges; d'après JEAN LYS. Grande p. en h. *Premier état avant toute lettre.*

411 St. Paul en exstase voit le ciel ouvert; d'après LE MÊME. Gr. p. en h. faisant pendant à la précédente.

412 *America*, l'Amerique représentée par différentes figures groupées dans un beau paysage. Gr. et belle p. en h. *Epr. superbe, d'une grande fraîcheur et de la plus belle condition.* Rare.

413 *L'Odorat.* Jeune homme attachant un bouquet de fleurs au sein d'une dame, vue jusqu'aux genoux. *Jáyme beaucoup moins* etc. A gauche: *Falck fe.* H. 14, 6. - L. 10, 6. Superbe pièce et épreuve. *Très rare.*

414 *Le Goust*: Jeune homme à côté d'une dame qui tient une branche de citronier et la patte d'un singe. *Tout ce que peut avoir* etc. Mêmes inscription, dimension et qualité. *Idem.*

415 Les 4 saisons, représentées par des dames, vues à mi-corps et revetues du costume du temps. LE PRINTEMPS: *Tes Béautez ô Philis etc.* L'ÉSTÉ: *Quand l'Esté veut donner etc.* L'AVTOMNE: *Ne vous estonnez pas etc.* L'HIVER: *En la froide saison etc.* H. 15 p. - L. 10, 9. Suite très rare. *Fort belles épr.*

416 Charles de Lorraine, duc de Guise, prince de Joinville. Beau Portrait en h. *Rare.*

417 Matthias Lubienski, archiepiscopus Gnesensis, Legatus natus etc. d'après DANCKERS. Superbe portrait en h. *Très belle épr.* EXTRÊMEMENT RARE.

418 Georgius Comes in Wisnicz et Jaroslaw Lubomirski, S. R. J. Princ. Supr. R. Poloniae Maresc. Gen. Cracoviensi etc. Capitanus, d'apr. D. SCHULTZ. Superbe portr. en h. *Très belle épr.* EXTRÊMEMENT RARE.

419 Mochinger, fameux théologien de Dantzic. Portrait en h. d'apr. A. BOY. Pet. in-Fol.

420 Arfwedo Wittenberg, Comiti in Neuburg etc. Superbe portrait en h. *Très belle épr.*

421 Christianus Woldenberg. Fort beau portrait d'apr. F. DE NEYS. Pet. in-Fol. en h. *Très belle épr.* Rare.

FALDA (J. B.), *peintre et grav. à l'eau-forte*, 1669—1691.

422 Vues de Rome: *Monte Cavallo*; *Fontane di Aqua Cetosa*;

Nro.

Colonna Traiana et 8 autres. *P. très rares non décrites par Bartsch.* L. 4, 6. - H. 3, 3. Onze est.

423 Les portiques de la place St. Pierre au Vatican. *Morceau non décrit, mais cité p.* 252. *Nro.* 5. L. 23 p. - H. 17, 9. *Tr. rare.*

424 Le pont et le château St.-Ange à Rome. *Très belle estampe, non décrite mais citée p.* 253, *Nro.* 6. L. 25, 9. - H. 17, 6. *Fort rare.*

FEIGL (JOSEPH), *graveur au burin à Vienne, v.* 1775.

425 Une blanchisseuse, les deux mains appuyées sur un grand vase. — Jeune fille en chemise cherchant des puces; d'après CARLO DI BOLOGNA. In-Fol. en h. Deux est.

FITTLER (JAMES), *graveur au burin, né en* 1758.

426 *Bears and Dogs*; d'après SNYDERS. In-Fol. en l. *Superbe épreuve à lettres ouvertes.*

427 *Sea-View*; d'après VAN DE VELDE. In-Fol. en l. *Superbe épreuve à lettres ouvertes.*

FLAMEN (ALBERT), *peintre et graveur à l'eau-forte, v.* 1660.
Pièces rares, non décrites par Bartsch:

428 Veue du pont du Rhône à Lyon. *Rob.-D.* 517.

429 Veue d'un moulin à Fer près Bar 519.

430 L'Oraison dominicale 36—47. Suite de 8 estampes. *Planche entière non découpée et* PREMIER ÉTAT *avec quatre lignes de texte au-dessus du millésime* 1648. Remarque inconnue à R.-D. *Extrêmement rare.*

431 La copie de la p. précédente, mais avec omission du frontispice.

432 Le chanteur des Cantiques ou *l'Orphée du viel temps*, placé à droite sur un tonneau dans un vaste paysage. *A Paris chez van Merle.* H. et L. 9, 6. Dans un Dodécagone. *Morceau extrêmement rare, inconnue aux Biographes.*

FOKKE (SIMON), *dessin. et graveur,* 1712—1784.

433 Son portrait répresenté sur un tableau oval posé sur une table et entouré de livres et d'estampes. *Très belle pièce. Rare.*

434 Vue aux environs de Narns en Lombardie. — Port de Livourne, d'après VERNET; pet.-Fol. en l. Deux est.

435 Représentation de la cérémonie du mariage du Prince de Nassau-Weilburg avec la Princesse Car. d'Orange et Nassau 1760; d'après T. P. C. HAAG; tr. gr. in-Fol. en l. *Très belle épr.*

FOLKEMA (JACQUES), *grav. au burin et à l'eau-f.*, 1692—1767.

436 La Vierge assise tenant sur ses genoux l'enfant Jésus debout;

Nro.

aux deux cotés plusieurs Saints, d'après LE TITIEN. Gr. in-Fol. en l.

FONTAINEBLEAU (ECÔLE DE), *B. Vol. XV, p.* 374.

437 Clélie et ses compagnes traversant le Tybre et s'échappant du camp de Porsenna où elles étoient prisonnières, d'après JULES ROMAIN. (XVI, 395, 49.) *Très belle épr.*

438 Combat d'animaux, gravé dans le goût de FANTUZZI (88). *P. rare et belle épr.*

439 La visitation de la Vierge. Composition de 20 fig. représentées dans un beau paysage. *Morceau non décrit.* L. 19 p. - H. 13, 9. *Très rare.*

FONTANA (J.-BAPT.), *peintre et graveur à l'eau-forte, v.* 1559—1579.

440 La vision d'Ezechiel (1). *Pièce capitale et rare.*

Morceaux non décrits:

441 Laurent Marcello vainqueur des Turcs près des Dardanelles. Sujet allégorique. H. 13, 7. - L. 9, 8. *Très belle épreuve d'un morceau fort rare.*

442 Représentation d'un manequin à mi-corps formé d'ustensiles de jardinage. Au bas 16 vers italiens. 1568. H. 15 p. - L. 10, 6. *Très rare.*

443 Les marchands ambulants de Rome: *Ritratto di quelli che vanno per Roma vendendo etc.* 1566. L. 19, 9. - H. 15 p. *Belle pièce à l'eau-forte et très rare.*

FOSSATI (DAV.-ANT.), *p. et grav. à l'eau-forte, né en* 1708.

444 Paysages avec ruines et figures, gravées à l'eau-forte d'après MARCO RICCI. Suite complète de 24 estampes in-Fol. en l. *Très belles épreuves.*

FOSSEYEUX (J.-BAPT.), *graveur, né à Paris, en* 1752.

445 Le portrait en pied de Fernand-Cortez avec une marine dans le fond; d'apr. D. VELASQUEZ. *Très belle épr. avant l. l.* RARE.

FRANK (JEAN-ULRICH), *peintre et grav. à l'eau-f.* 1603—1680.

446 Rejouissance des paysans, six hommes et femmes buvant près d'une table; dans le fond à gauche un joueur de cornemuse. In-4. en l. *Belle eau-forte du peintre.* RARE.

FREY (JACQUES), *dessinateur et graveur,* 1681—1772.

447 St. François de Paule rendant la vue à un enfant, d'après BONAV. LAMBERTI. Gr. in-Fol. en l. *Pièce capitale.*

Nro.

448 Les pères de l'Église disputant sur la conception de la Ste. Vierge ; d'après GUIDO RENI. Gr. in-Fol. en l. *Pièce capitale et très belle épreuve.*

449 Loth avec ses filles ; d'apr. LE DOMINIQUIN. Gr. in-Fol. en l. *Rare.*

FREY (JACQUES DE), *dess. et grav. à l'eau-forte, né à Amsterdam, en 1770.*

450 Isac donnant sa bénédiction à Jacob. Pet. in-Fol. en l. (*Catalogue du Cabinet Denon, p. 146, Nro. 2.*)

451 Tête de St.-Pierre. *Pièce rare.* 147, 8.

452 Portrait du poëte G. A. Brederode. 149, 16.

453 Buste d'un officier, vu de trois quarts. 150, 25.

454 Un homme en buste, tourné à gauche. 26.

Morceaux non décrits au Catalogue Denon :

455 Un homme avec chapeau large, barbe et moustaches, d'après REMBRANDT. In-4. en h.

456 Études de figures d'après J. LAUWERS. Au titre : *Zes Studie Beeltjes etc.* Suite de 6 est. In-4. *Très belles épreuves.*

457 Le bon Samaritain, d'après REMBRANDT. Gr. p. en l. *Très belle épreuve.*

FRISIUS (SIMON), *dess. et grav. à l'eau-forte, v. 1610.*

458 Paysages ornés de paraboles du nouveau testament, d'après J. SAVERY. Suite de 6 estampes in-4. en l. *Epreuves de la plus grande fraîcheur.*

GALLE (CORN.), *dess. et grav. au burin, v. 1600.*

459 La vie des hommes avant et après le déluge. Deux belles estampes in-Fol. en l.

460 Jésus Christ aux noces de Simon le pharisien, d'après L. CIVOLI. In-Fol. en h. *Zani VI,* 327. *BB. RR. e vero Capo d'Opera.* (Du cabinet *Gabet.*)

461 St.-François recevant l'enfant Jésus des mains de la Vierge, d'après FR. VANNI. Belle p. en h. *Rare.*

462 La vie et la mort de Ste. Cécile, d'apr. LE MÊME. Gr. et belle estampe en h. *Très rare.*

GALLE (PHILIPPE), *dessin. et graveur,* 1537—1612.

463 Josie détruisant l'Idôlatrie. Suite de 8 est. in-Fol. en l. *Premier état avant l'adresse.*

464 Les Saisons. Suite de 4 est. in-Fol. en l. *Premier état.*

Nro.

GALLINARI (JACQUES), *peintre et grav. à l'eau-forte, v.* 1680.

465 S. Pierre en repentir, assis et tourné vers la droite. *P. très rare non décrite par B. Vol. XIX, p.* 247. H. 10, 3. - L. 6, 8. *Très belle épreuve.*

GEFFELS (FRANÇOIS), *peintre et grav. à l'eau-forte, v.* 1659.

466 Grand paysage avec la vue du château de plaisance du Duc de Mantoue sur de lac de Como. Au bas une dédicace a S. A. S. par *Franc. Geffels Fiameng.* datée de Mantoue le 9 Nov. 1659. *Morceau extrêmement rare*, gravé d'une pointe libre et spirituelle. *Inconnu à Rumohr.* (Histoire de la Bibliothèque de Copenhague p. 81.) L. 22, 6. - H. 18, 9.

467 Représentation théatrale devant la cour impériale. *P. très rare, inconnue aux Biographes.* L. 18, 9. - H. 12, 8.

GELÉE (CLAUDE), dit LE LORRAIN, *peintre et graveur à l'eau-forte*, 1600—1652.

468 La Ste.-Famille fuyant en Egypte. *Rigal, Nro.* 1. — *Rob.-Dumesnil, Nro.* 1. Belle épreuve.

469 Le Temps, Apollon et les Saisons. R. 4. — R-D. 20. *Très belle épreuve.*

470 Vue de mer par un gros temps. R. 6. — R.-D. 5. *Très belle épreuve.*

471 Vaisseau battu par les flots. R. 8. — R.-D. 7. *Très belle épr.*

472 Vue des environs d'un port. R. 10. — R.-D. 9.

473 Port de mer; à droite une galère abritée. R. 12. — R.-D. 11.

474 Paysage avec un troupeau qui passe sur un pont de bois. R. 15. — R.-D. 14.

475 Berger assis au pied d'un grand arbre. R. 21. — R.-D. 19.

476 Quatre chèvres dans un bois. R. 23. — R.-D. 27.

477 Vue d'une campagne, avec un ange parlant à un religieux à genoux. R. 26. — R.-D. 2.

Pièces non décrites au Catalogue Rigal:

478 Le troupeau à l'abreuvoir. Rob.-Dum. 4.

479 Etude d'une Scène de brigands. 39. *Très belle épr.*

480 Deux Croquis de paysages. 40.

GEOFFROY (JEAN), *graveur au burin, né à Paris en* 1792.

481 Le Roi boit, d'après BEAUME; belle composition de douze figures; tr. gr. in-Fol. en l. *Très belle épr.*

Nro.

GERAERD (MARC), *peintre et graveur*, 1550—1635.

482 La passion de Jésus-Christ, représentée en 13 estampes de forme ovale entourées d'arabesques et gravées d'une pointe très fine. *Marc. Geraerd fig. Joan. Sadler excud.* Superbes épreuves d'une Suite *rare à trouver complète.*

GESSNER (SALOMON), *peintre et grav. à l'eau-forte*, 1730—1788.

483 Frontispice et cinq Vignettes pour l'édition de la „*Daphnis*," 1754. *Six estampes formant les premiers essais de gravure à l'eau-forte de l'artiste. Belles épr. et très rares.*

484 Frontispice et onze Vignettes pour l'édition des Idylles de 1756. *Douze estampes assez rares. Belles épr.*

485 Sujets de la Fable, Idylles et Scènes champêtres. Suite de 10 estampes. *Anc. et très belles épr. avec marges virginales.*

486 Dix paysages dédiés à M. Watelet. Suite de 10 est. in-Fol. en h. *Anc. et très belles épr. avec marges virginales.*

GHISI (ADAM), *dessin. et graveur, v.* 1570.

487 Hercule étouffant le lion de Nemée (21). *Belle épr.*

488 La Servitude représentée par un jeune homme portant un joug sur ses épaules, d'après *Mantegna* (103). Très belle est. *Premier état, superbe et de la plus grande fraîcheur.*

489 Pêcheurs retirant leurs filets (106).

490 Moïse assis dans une niche. *P. non décrite.* H. 12 p. — L. 5, 9. (Catalogue *Cicognara*, 1461.) *Rare.*

GHISI (DIANE), *dess. et grav. au burin*, 1536—1588.

491 Les archanges St. Michel, Gabriel et Raphaël adorant Jésus Christ, d'après RAPHAËL (31). *Premier état avant les lettres R. U. J. à droite de l'estampe et avant la bordure. Dans la marge (qui porte dans le troisième état une inscription de deux lignes et l'adresse de Domin. de Rubeis) on lit à la gauche du bas:* ROMAE ANTONII LAFRERI FORMIS. *Pièce très rare et superbe épreuve.*

492 Latona mettant au monde Apollon et Diane, d'après *Jules Romain* (39). *Premier état, avant l'adresse: Horatius Pacificus formis.* RARE. *Très belle épr.*

Morceaux non décrits:

493 Ste. Famille où la Vierge assise à coté de Ste. Elisabeth est appuyée sur un berceau, sur lequel est couché l'enfant Jésus; le petit St. Jean lui présente un agneau; dans le fond à droite est vu St. Joseph lisant dans un livre. On lit sur le ber-

Nro.

ceau: *Diana F.* et au bas deux vers latins: *Haec senior, sterilis peperit etc.* H. 10, 4. -L. 7, 6. *Estampe très rare.*

494 Le martyre de Ste. Agathe. Le bourreau est placé à droite, un soldat avec casque à gauche. Au bas de la droite: *Diana incidebat Romae* 1577. Dans la marge: *S. Agatha* et 4 vers latins. H. 9, 11. -L. 7 p. *P. très rare.*

GHISI (GEORGES), *p. dess. et graveur* 1520—1580.

495 Les Prophètes et les Sybilles des Angles de la Chapelle Sixtine au Vatican peints par *Michel-Ange Buonaroti.* Suite de 6 gr. estampes en h. (17—22). *Anc. et belles épreuves.*

496 Céphale pleurant la mort de Procris (61). Gr. p. en l. *Belle épr. avant l'adresse de Rossi.* (Du cabinet *Gabet.*)

497 La calomnie accusant l'innocence (64). *Belle pièce.*

GHISI (JEAN-BAPT.), *peintre et grav.* 1515—1550.

498 David coupant la tête à Goliath (6). *Belle.*

499 Les Troyens repoussant les Grecs dans leurs vaisseaux (20). *Cette estampe est la plus belle et la plus considérable de ce maître.*

GIUNTOTARDI (PHILIPPE), *peintre et grav. né en* 1760.

500 *Dodici paesi dipinti sul muro in uno dei saloni del Palazzo Colonna da* GASPARE POUSSIN. Suite de 13 est. (titre compris.) Gr. in-Fol. en h. *Grav. à l'eau-forte d'une pointe spirituelle.*

GLAUBER (JEAN), *peintre et grav. à l'eau-forte*, 1646—1726.

501 Pays d'une vaste étendue; à gauche vers le fond un berger avec son troupeau, d'apr. GASPAR POUSSIN (21). *Très belle épreuve.*

P. non décrites, ni par B. ni au Cat. Rigal.

502 Danse d'enfans au son d'un triangle. — Faune tiré de l'eau par des Satyres. 2 Estampes pet. in-Fol. d'apr. G. LAIRESSE.

503 Ulysse se faisant attacher au mat de son navire, d'apr. LE MÊME. In-Fol. en l.

504 Le printemps, d'après LE MÊME. In-Fol. en l.

GOLTZIUS (HENRI), *peintre, dess. et grav.* 1558—1617.

505 L'histoire du prophète Elie. Suite de 4 estampes *très rares.* (8 — 11). *Premier état, avant l'adresse de Visscher.*

506 Le triomphe de la guerre (108). *Premier état, non décrit et de la plus grande rareté.* La tablette au haut de la gauche est avant toute inscription. L'épreuve est ensuite avant les mots: *Currus Belli,* avant le nom de *H. Goltzius* et avec la

5

Nro.

toute première adresse de *Phil. Galle.* Au bas une marge avec 3 distiques. *Épreuve superbe, de la plus belle conservation et fraîcheur.*

507 Les 15 mystères du Rosaire entourant la Ste. Vierge, placée dans une gloire d'anges. Très belle pièce, gravée dans le goût de l'estampe précédente. *Non décrite et très rare.* H. 16, 6. - L. 11 p. *Épreuve de la plus grande fraîcheur.*

508 Tarquin et Lucrèce. Belle p. gravée dans le même goût. *Non décrite et très rare.* H. 9, 3. -L. 6, 7. *Belle épreuve.*

509 Les trois statues antiques de Rome. Suite de 3 gr. estampes. en h. (143—145). *Morceaux gravés d'un burin brillant et délié. Très belles épreuves.* Rares.

510 Arnaud Beerestein, petit portrait en h. (192). *P. très rare. Belle épr.* (du Cabinet *Gabet*).

511 Les quatre sujets connus sous le nom *des Culbuteurs* (258 — 261). Suite de 4 estampes *capitales et rares. Belles épr.*

512 Loth et sa famille sortant de Sodom (263). Gr. p. en l. *Belle épreuve.*

513 Les Dieux célébrant dans l'Olympe les nôces de l'Amour et de Psyché. Grande estampes de trois morceaux assemblés en l. (277). *P. rare. Très belle épr.*

514 Les metamorphoses d' Ovide en 52 estampes inventées par *Henri Goltzius* en 1589 et 1590 et gravées sous sa direction par ses élèves (p. 104, 31—82). Suite complète. *Belles épreuves d'une égale impression et d'une bonne conservation.*

515 Bacchus représenté debout (228). Clair-obscur de 3 planches. *Très belle et rare.*

516 Flore assise sur une butte (236). Clair-obscur de 3 planches. *Superbe pièce et très rare.*

GOSS (JAN), *artiste holland. sur lequel on n'a pas de donnés.*

517 L'intérieur de l'église luthérienne à Amsterdam. Au bas de la gauche: *Jan Goss inv. et fecit* 1657. à droite: *Coert Goss Exc.* Dans la marge du bas: *Dit's — Zielen Licht.* H. 11 p. - L. 8, 8. *Belle eau-forte de peintre,* exécutée d'une pointe légère et spirituelle. *Morceau très rare et dans sa fraîcheur virginale.*

518 La copie de la p. précedente, plus petite et gravée au burin.

GOUPY (JOSEPH), *peintre et grav., à l'eau-forte,* 1729—1780.

519 St. Jean prêchant dans le désert: *Ego sum vox clamantis in*

Nro.

deserto; d'après SALVATOR ROSA; tr. gr. in-Fol. en h. *Très belle épreuve.*

520 Le baptême de l'eunuque de la reine de Candace: *Ecce aqua quid me baptizari prohibet;* d'après LE MÊME; tr. gr. in-Fol. en h. *Idem.*

521 Zeuxis peignant Hélène pour les Agrigentins; d'après SOLIMENI; in-Fol. en l. *Idem.*

GOYEN (JEAN VAN), *peintre de paysages et de marines*, 1595—1656.

522 Cinq paysages marqués: *Jan van Goye*, savoir le bac; — La planche sur le ruisseau; — l'église de village; — Le pont de bois; — Le pont de pierre. L. 6 p. 5—6 l. - H. 5 p. 4—5 l.

523 Huit autres paysages; savoir: La rue du village — Le poisson trainé — Le grand colombier — Les trois paysans — L'homme à cheval — Les deux paysans — La barque — Les patineurs — L. 6 p. 2 l. - H. 4 p. 6—8 l. *P. très rares.*

GRAVURE CRIBLÉE (MANIÈRE DE MILNET. — *Geschrotene Arbeit.*)

524 Ste-Vierge debout, les mains jointes. Au haut Dieu le père qui la bénit. *Morceau d'une haute antiquité, extrêmement rare; colorié contemporainement.* H. 6, 3. — L. 4 p.

525 Écusson d'armoiries attaché à un rosier et soutenu par deux griffons. Il est entouré de la Devise: QUI PEUT ATENDRE A L'AVENTURE TOUT VIENT A POINT. H. 3, 9. - L. 2, 10. *P. rare, très belle et de la plus parfaite conservation.*

526 Combat entre des guerriers à cheval et des fantassins. H. 4, 10. - L. 3, 8. *Rare.*

GREEN (VALENTIN), *dessin. et grav. en mezzo tinto*, 1737—1800.

527 Pâris et Hélène exhortant Cupidon d'enflammer les coeurs, d'après ANG. KAUFFMAN; tr. gr. in-Fol. en h. *Très belle épr.*

528 L'Hermite; d'après MOLA; tr. gr. in-Fol. en h. *Très belle épr. avant la lettre.*

529 Jupiter et Jo, d'après J. HOPPNER. Gr. p. en h. *Très belle épr.*

530 St. Pierre réniant le Christ, d'après B. WEST. Gr. p. en h. *Très belle épreuve.*

531 Samuel expliquant à Elie la sentence de l'Eternel, d'après SINGLETON-COPLEY. Gr. p. en h. *Très belle épr.*

GREGORI (FERDINAND), *graveur à l'eau-forte et au burin, né en* 1743.

532 Sujet de l'histoire de St. Neri; d'après P. POCETTI. Trés belle gravure in-Fol. en h. *Épreuve avant la lettre.*

*

Nro.

GRIMALDI (JEAN-FR.), *peintre et grav. à l'eau-forte*, 1606—1680.

533 Les deux hommes sur la butte (12). Très belle pièce. *Prem. état*, avant le nom *d'An. Carac.*

534 Le chemin creux (35). *Prem. état avant l'adresse de Rossi et le trait de burin, echappé au milieu du bas.* Rare.

535 La même estampe. *Second état*, avec l'adresse etc.

Morceau non décrits:

536 Le Repos en Egypte, représenté dans un paysage en l. L. 10, 5. -H. 7 p. *Rare.*

537 Paysage boisé; au milieu du premier plan un ange vu de face, tenant une trompette de la main gauche. Dans la marge du bas, à gauche: *Giov. Fr. Grimaldi Bolognese In. et fecit;* à droite l'adresse de *G. J. Rossi.* L. 12. p. -H. 8, 7. *P. tr. rare.*

GRONSVELDT (JEAN), *dess. et grav. à l'eau-forte, né en* 1650.

538 Différens paysages. Suite de 8 estampes rares, gravées à l'eau-forte avec goût et esprit. D'après I. VAN GOYEN. *Tr. belles épr.*

GUERIN (CHRISTOPHE), *graveur au burin, né en* 1758.

539 Le Vision de St. Benoît; d'après LE SUEUR. Gr. p. en h.

GÜNTHER (C.-A.) *dess. et graveur à l'eau-forte*, 1760—1824.

540 Vue de Dresde prise sur la chaussée de Berlin. Gr. p. en l. *Gravée au trait et coloriée à l'aquarelle d'un beau ton et d'un fini soigné.*

HAID (JEAN-ÉLIE), *dessin. et grav. en mezzo tinto*, 1740—1809.

541 Portrait de Johannes Kupezky, d'après le tableau de ce peintre. Gr. in-Fol. en h. *Pièce capitale et rare. Très belle épr.*

542 Gabriel de Gabrieli. — Charles Harlemann. 2 beaux portraits. Gr. in-Fol. en h. par J.-J. HAID. *Très belles épr.*

HAINZELMANN (ÉLIE), *dessin. et graveur au burin*, 1640—1693.

543 La recompense de l'étude. Gr. p. en h. d'après A. WOLF. *Très belle épr. du premier état.*

HALS (DIRK), *peintre flamand, mort en* 1656.

544 *Habitus et Cultus Matronarum Nobilius etc.* Habillements et costumes des Dames hollandaises. Suite de 12 estampes *fort rares* pet. in-Fol. en h. D. HALS INUE. JAC. MATHAM EXCUD. *Très belles et fraîches.*

HAMPELN (CHARLES DE), *graveur en mezzo tinto de Vienne; contemporain.*

545 Ste. Famille; la Vierge assise près des ruines tient entre ses bras l'enfant Jésus, à qui St. Jean présente un agneau; St.

Nro.

Joseph debout à droite les regarde avec satisfaction, d'après JEAN VAN HOECK; belle composition tr. gr. in-Fol. en h. *Très belle épr.*

HANNAS (MARC-ANTOINE), *graveur en bois et au burin vers la fin du 16. siècle (P.-Gr. Vol. IX. p. 560).*

546 St. François d'Assise à genoux sur une coline à gauche intercédant auprès de J. Christ et de la Vierge, qui sont sur des nues entourés d'anges, pour les frères et les soeurs de l'ordre Franciscain, dont on voit plusieurs au bas de l'estampe; à gauche on lit: *Auguste apud Hareum Antonium Hannas Scult.* A droite le monogramme de l'artiste; dans la marge au milieu: *S. Franciscus,* et aux deux côtés quatre vers latins. *Gravure en bois de deux planches* in-Fol. en h. *Non mentionnée au P.-Graveur et très rare. Très belle épr.*

547 Représentation des signes qui ont été vus au ciel à Freyburg, etc. P. gravée sur cuivre, *non décrite.* L. 9, 6. - H. 4, 5. *Très belle et rare.*

HANSEN (CHARLES-LOUIS), *peintre et graveur à l'eau-forte, né en Amsterdam, en* 1765.

548 Différentes vues de Hollande, ornées de figures; grav. a l'eau-forte d'une pointe très spirituelle; pet. in-Fol. en l. *Suite complète de six estampes marquées des lettres A-F a gauche de la marge du bas.*

549 Autres vues de Hollande, ornées de figures; grav. à l'eau-forte; pet. in-Fol. en l. *Suite complète de six estampes marquées des lettres a-f à gauche de la marge du bas.*

HEATH (JAMES), *célèbre graveur anglais, né en* 1765.

550 La mort du Major Pierson dans l'attaque contre les troupes françaises à Heliers dans l'isle de Jersey le 6 Janv. 1784, d'apr. SINGLETON COPLEY. Tr. gr. in-Fol. en l. *Pièce capitale et très belle épreuve.*

HEEM (JEAN-DAV. DE), *peintre de fleurs et de fruits,* 1600—1674.

551 *Recueil de diverses fleurs du printemps dernier, mises au jour par J. H.* 1653. *Présente à Monsieur David Michel Joyalier par une singulière affection que l'autheur lui porte. Le dixhuictième Jour de Juin* 1653. Suite de 16 estampes in-4 en h. gravées d'une pointe libre et spirituelle. Cette suite, décrite par *Rumohr* (histoire de la collection royale de Coppenhague) p. 80, et par *Nagler,* p. 34, *est de la plus grande rareté.* Très belles épreuves.

Nro.

HEIMLICH (J. DANIEL), *dess. et gr. à l'eau-forte, né en* 1740.

552 Suite de six paysages in-4. en h. numerotés de 1 à 6. *D. Heimlich fecit* 1774.

HEMERY (ANT.-FRANÇOIS), *graveur, né à Paris, en* 1751.

553 Création d'Eve, d'apres AN. PROCACCINI. Tr. gr. p. en h. *Très belle épreuve.*

HETZINGER (ANTOINE), *peintre et graveur à l'eau-forte et à l'aquatinta, mort de nos jours.*

554 Vue de la source de l'Unz dans la grotte de Kleinhäusel près de Planina et Carniole. — Vue de la fameuse grotte de Cornial sur le Karsten en Carniole à 2 milles de Triest, d'apr. F. RÜNK. Tr. gr. in-Fol. en l. Deux estampes.

555 Le troupeau traversant le ruisseau, d'apr. SCHALLHAS. Grand paysage en l. *Épr. avant l. l.*

556 Le troupeau traversant l'eau, d'après H. ROOS. Très grand paysage en l. *P. capitale de l'artiste.*

HESS (CHARLES-ERN.), *dessin. et grav. au burin*, 1760—1828.

557 Adoration des Rois, composition riche et superbe, d'après JEAN et HUBERT VAN EYCK; tr. gr. p. en l. 1823. *Très belle épreuve avant la lettre et les noms des artistes.*

558 La Vierge et l'enfant Jésus, d'après CARLO DOLCI; grande estampe en h. de forme ronde. *Épreuve superbe avant toutes lettres. Très rare.*

HOGARTH (WILLIAM), *peintre et graveur à l'eau-forte*, 1698 — 1764.

559 Sujets d'intérieurs et de costumes orientaux. Suite de 13 estampes in-Fol. et in-4. en l. et en h. (NICHOLSON Nro. 4.) *P. rares et dont les planches n'existent plus. Belles épreuves.*

560 *Harlots Progress.* La vie d'une courtisanne; *W. Hogarth invt pinxt. et sculpt.* 42. Suite complète de six grandes estampes en l. *Très belles épreuves avec la croix.*

561 Simon Lord Lovat, *drawn from the Life and etch'd in Aquafortis by W. H.* 1746. In-Fol. en h. 70. *Ancienne et belle épreuve.*

Morceaux non catalogués:

562 Taste in high Life. *Pièce très rare.* L. 10 p.-H. 8. p. *Ancienne et belle épreuve.*

563 A Papist, with his Jacobite Footman, 1745. *Pièce très rare.* L. 11, 10.-H. 7, 6. *Ancienne et très belle épreuve.*

Nro.
564 The Wheel-Barrow Crys, 1748. *Pièce très rare.* L. 11, 6.- H. 7, 6. *Ancienne et très belle épreuve.*

HOGENBERG (JEAN), *dessinateur et graveur, travaillant en Angleterre v.* 1560.

565 La Vierge et l'enfant Jésus debout sur un croissant. In-Fol. en h. *P. rare et belle épreuve.*
566 St. Anne assise sur un trône à côté de la Vierge avec l'enfant Jésus. Au haut un concert d'anges. In-Fol. en h. *Très belle et rare.*

HOLLAR (WENCESL.), *dess. et grav. à l'eau-forte*, 1607—1677.

567 Descente de croix, d'après H. HOLBEIN. *Vertue, Cl. I, Nro.* 10. P. rare. *Superbe épreuve.*
568 La Ste. Famille, d'après P. DEL VAGA. 49. *Rare.*
569 La Session du Parlement dans le procès du comte Thom. Strafford. *Cl. VI, Nro.* 33. In-Fol. en l. *Anc. et belle épr.*
570 La mise à mort du comte Strafford. 34. Petit in-Fol. en l. *Ancienne et belle épreuve.*
571 Proclamation de la paix devant la maison de ville à Anvers. 35. In-Fol. en l.
572 Vue de Coblence et Hermenstein. *Cl. III, Nro.* 117. Fort jolie pièce in-4. en l. *Très belle épreuve. Rare.*
573 Vue de la ville de Rostock. 279. Grand in-Fol. en l. *Rare.*
574 Vue de la ville d'Osnabruck. 280. Grande p. en l. *Rare.*
575 Vue de la ville de Lucerne, 284. Grande et belle p. en l. avec grandes Armoiries et deux vignettes au bas. *Superbe épreuve avec toute sa marge. Très rare.*
576 Vue de la ville de Liège. Pièce pareille avec trois vignettes au bas. 347. *Très belle épreuve.*
577 Vue de St. Goar. 361. In-Fol. en l. *Rare.*
578 Goa, capitale des Indes orientales. 362. Grande p. en l. *Rare.*
579 Vue et plan de la ville de Ratisbonne. 375. Grande p. en l.
580 La ville de Cologne, 377. Au bas six cartouches d'armoiries. *W. Hollar fec.* 1635. In-Fol. en l. *Belle et rare.*
581 Vue de la ville de Wesel, 388. In-Fol. en l.
582 Le Palais et les jardins de Heidelberg, 390. Grande p. en l. *Belle épreuve.*

Pièces très rares non décrites par Vertue:

583 La baye et la ville d'Olinda di Phernambuco. Grand p. en h. A

Nro.

droite un cartouche où est représenté la fabrication du sucre. *W. Hollar fe.* BELLE ET RARE.

584 Vue de Bergen en Nerwège. Grande p. en l.

585 Vue de Bethune en Artois. Grande p. en l.

586 Portrait de la maison royale de Fontaine Belleau. In-Fol. en h.

587 Portrait des châteaux royaux de Sainct Germain en Laye. In-Fol. en h.

588 Vue de Lyon en France. Grande p. en l.

589 Le Siège de la ville de Montalban sur le Tar. In-Fol. en h.

590 La ville de Nancy, Gapitalle de Lorraine pourtraicte auvif. Grande p. en l.

591 La ville de Padoue en Italie. Grande p. en l.

592 Vue de la ville de Prague. Très grande p. en l. *Romb. v. d. Hoeye exc.* TRÈS BELLE ET RARE.

593 Autre vue mais moins entendue de cette Capitale. Très grande p. en l. *D. Danckerts exc.* TRÈS BELLE ET RARE.

594 Plan de Philippeville en Hainaut. In-4. en l.

595 Rotomagus ou Rouen en 1655. Grande pièce composée de 2 feuilles en l..

596 Vue très entendue de la ville de Rouen (Roan) en Normandie. Très grande p. en l. *Très belle et rare.*

597 Paysage d'après. ARTOIS. *Cl. VI, Nro.* 12. — Les Eaux de Savone, 48. *Anciennes et très belles épreuves.* Deux estampes.

598 The Création Robe of the Prince Charles of Wales. *Cl. VII. Nro.* 84. *Très belle épreuve.*

599 *Theatrum Mulierum* ou Variété de costumes des femmes de l'Europe. Suite de 37 estampes (titre compris) in-8 en h. 93. *Belles épreuves.*

600 Buste de vieille femme, d'après H. HOLBEIN. *Cl. VIII, Nro.* 29. — Buste d'homme (Ch. Brandon, duc de Suffolk), d'après LE MÊME et pendant de la p. précédente, 30. Deux estampes.

601 Tête d'homme, 24. — Tête orientale, 47. Deux estampes.

602 Les frères Lucas et Corneille de Wael, peintres d'après ANT. VAN DYCK. 112.

603 Portrait de P. P. Rubens, dans une bordure ovale, ornée d'attributs de peintre. 149. *Ancienne et très belle épreuve.*

604 Portrait de Pierre Aretin, d'après LE TITIEN. 169. *Très belle épreuve,* Rare.

Nro.

605 Femme en buste, 182. — Homme avec chaine et croix, d'apr. HOLBEIN. 317. Deux estampes.

606 Les Papillons. Suite complète de 8 estampes. *Cl. X*, 16—23. *Belles épreuves avec toutes leurs marges.*

607 Gros Sanglier dans un paysage, d'après L. CRANACH. *Cl. XI, Nro.* 2. Rare à trouver beau d'épreuve.

608 Chiens, Cerfs etc. 55, 56, 67, 74, 77. Cinq estampes.

609 L'éléphant, entouré de différentes représentations de ses tours d'adresse. 105. *Au bas de la droite le monogramme de l'artiste.* In-F. en l. *Belle et rare.*

610 Un Éléphant. — Un Rhinoceros. — Un buffle accompagné d'autres animaux. In-8 et in-4. Trois estamp. *Belles épreuves.*

611 Les Saisons, représentées par des Dames, vues jusqu'aux genoux. *Cl. XIII*, 20—23. Suite de 4 estampes in-Fol. en h.

HOLZER (JEAN)., *peintre et grav. à l'eau-forte* 1708—1740.

612 L'adoration des bergers. — L'adoration des mages. — Judith. Trois estampes. *Eaux-fortes du peintre.*

HONDIUS (HENRI), *dessin. et graveur*, 1543—1610.

613 Les quatre saisons. Suite de quatre est. en l. avec titres et quatre vers latins au bas de chacune, d'apr. DAVID VINCKBOONS, par *H. Hondius*, *Stock et Frisius.*

HOOGHE (ROMAIN DE), *peintre et grav. à l'eau-forte*, 1638—1720.

614 Les sièges de Vienne 1683. — de Belgrad 1688. Deux grandes estampes. en l.

615 La manière de se bien préparer à la mort par des considérations sur la cène, la passion et la mort de Jésus Christ. *Ouvrage rare.* Anvers, 1700, in-4. orné de 40 très belles estampes de notre artiste. Rélié. *Très belles épreuves.*

HOUBRACKEN (JACQUES), *dessin. et grav. au burin*, 1695—1780.

616 Edward Seymour, Duke of Somerset, d'après HOLBEIN. Dans un ovale in-Fol. en h. *Très belle épreuve.*

617 James Earl of Monton 1581, d'après LE MÊME. *Idem.*

618 William Cecil Lord Burleigh, d'après LE MÊME; au bas un Genie tenant un caducée et s'appuyant sur un chien qui tient une clef. *Idem.*

619 Tillotson Arch-Bishop of Canterbury, d'après G. KNELLER. Au bas un Génie tenant un livre. *Idem.*

620 Thomas Howard Earl of Arundel, d'après P. P. RUBENS. Ovale en h. au bas des médailles et d'autres antiquités. *Idem.*

Nro.

621 Fridericus Tertius, Borussorum Rex etc. d'après A. PESNE; ovale en h. *Idem.*

HOY (NICOLAS VAN), *peintre et graveur à l'eau-forte, né à Anvers, v.* 1610.

622 Carousels donnés à l'occasion des Nôces de l'empereur Leopold I. Suite de 8 est. gravées sur ses propres dessins. (*Cat. du cab. Rob.- Dum. p.* 66. *I — VIII.*) *P. très rares.*

HÜBNER (BARTHÉLEMY), *grav. au burin, né en* 1737.

623 Johannes Holbein, Pictor celeber. civis Basil. immortale, patriae Britanniaeque Decus, 1790; JOH. HOLBEIN PINXIT. in-Fol. en h. *Très belle épreuve.*

624 Uxor et liberi Johannis Holbeinii etc. ad tabulam Joh. Holbenii in Biblioth. publ. Basil. ad servatam; 1790. *In-Fol. en h. Idem.*

HUGTENBURG (JEAN VAN), *peintre et graveur à l'eau-forte,* 1646—1735.

625 Scènes de guerre (23 - 24). Deux estampes formant pendants. *Très belles épreuves.*

626 Différens sujets de batailles. Suite de 4 estampes (31 — 34). *Très belles épreuves.*

627 Études de chevaux de bataille. Suite de 10 estampes (35—44). *Très belles épreuves.*

628 La marche de Louis XIV sur le pont neuf; grande composition ornée de plus de mille figures (48). Très gr. estampe en l. et *une des plus remarquables de l'oeuvre. Très belle épreuve.*

HYRE (LAUR. DE LA), *peintre et grav. à l'eau-forte,* 1606 — 1656.

629 La Vierge aux anges. *Rob.-Dum. I,* 8.

630 La supplice de Marsyas 26. *Premier état avant l'adresse de Poilly.*

JACKSON (JEAN - BAPT.), *dessin. et grav. en clair-obscur, né en* 1701.

631 Le mariage de St. Catherine, d'après PAUL VERONÈSE. Gr. pièce en h. *Clair-obscur. Très belle épreuve.*

632 Martyre d'un valet ayant visité le tombeau de St. Marc, d'apr. LE TINTORET; clair - obscur et gr. pièce de deux planches non jointes. *Pièce capitale et très belle épreuve.*

JAZET (JEAN - PIERRE - MARIE), *grav. à l'aquatinta, né en* 1788.

633 Cheval Turc à la montre, d'apres CARLE VERNET. Tr. gr. pièce en l. *Très belle épreuve.*

Nro.

634 Cheval Arabe, qu'on entrave, d'après LE MÊME. Tr. gr. pièce en l. et pendant. *Très belle épreuve.*

JÉSUS-CHRIST (LE MAÎTRE AU NOM DE), *Nro. 26 des monogrammes du P.-Grav. Vol. XV.*

635 Mascaron, vu de face. Au milieu du bas le monogramme. *P. non décrite.* H. 5, 10. - L. 4, 5. *Rare.*

636 Monument romain antique, orné à droite d'un griffon sautant au dessus d'une tête de boeuf. D. M. S. P. VIBI etc. Au bas: *In via Cassia*; *Roma* etc. H. 16, 10. - L. 10, 7. *Très rare.*

637 Autre monument avec l'inscription: D. M. M. ANTONII etc. Au bas: *Antiquum, Ostiensi* etc. H. 16, 1. - L. 10, 7. *Très rare.*

638 THEATRUM MARCELLI. Au haut de la gauche: *I Scaena* etc. à droite: PYRRO LIGORIS — 1558 — *pont.* L. 20, 8. - H. 13, 8. *Très rare.*

JODE (PIERRE DE), LE VIEUX, *dess. et graveur*, 1570—1634.

639 L'histoire de Ruth, d'après ADRIEN D. WERRDT. Suite de quatre estampes in-Fol. en l.

640 La vie et les miracles de Ste. Catherine de Siene. Suite de 12 estampes *très estimées* d'après FR. VANNI. In-Fol. en l. *Belles épreuves et fort rares.*

JOHANNOT (CHARLES), *artiste moderne français.*

641 Le Trompette, d'après HOR. VERNET. Gr. pièce en l. Belle composition, gravée d'un burin très spirituel. *Superbe épreuve.*

INCONNUS.

642 Satyre buvant près d'une Bacchante et de l'Amour, d'après NIC. POUSSIN. Gr. in-Fol. en h. Gravure en mezzo tinto sans nom de graveur. *Très belle épr.*

643 Ste. Famille: la Vierge assise tenant sur ses genoux l'enfant Jésus; on voit à ses côtés St. Joseph, St. Jean et Ste. Catherine, à laquelle l'enfant met l'anneau au doigt, d'après RAPHAËL. In-Fol. en h. *Pièce rare sans nom de graveur, qui paraît être français. Superbe épreuve.*

KARTARUS (MARIUS), *vieux graveur italien*, 1550—1581.

644 *Theatrum Minervae.* Belle estampe allégorique. Au haut de la droite une dédicace au Cardinal Sanctorio 1581. Au bas de la droite: *Marius Cartarius F. Morceau non décrit.* L. 20, 6.-H. 16 p. *Belle épr.* endommagée aux bords. *Très rare.*

645 *Theatrum Plutonis.* Autre estampe allégorique. Au haut de la

Nro.

droite une dédicace au Cardinal Sirleto. *Morceau pareil, mêmes dimensions et qualités.*

646 *Il mondo alla Riversa.* Sujet burlesque avec vers italiens. Au bas de la gauche le chiffre du dessinateur, au bas de la droite le monogramme de l'artiste (indiqué par B. sous le Nro. 38 de la Table.) *Belle pièce non décrite et fort rare.* L. 19 p. - H. 14, 7. *Très belle épr.*

647 Vue des jardins de Tivoli. Au haut: *Ritratto — Ferrara.* Au bas l'explication des lieux, terminée par: *In Roma per Mario Kartaro l'Anno Jubileo* 1575. *Morceau très rare et non décrit.* L. 19, 6. - H. 13, 10. *Belle épr. mais endommagée en quelques petits endroits.*

KELLERDALER (DANIEL), *graveur au maillet, vers* 1610.

648 Diane au bain surprise par Actéon; au milieu du bas: *Daniel Kellerdaller* 1610. *Très rare.*

649 Bacchus et Cérès dans un paysage orné de ruines, au bas vers la droite: *D. K.* 1607. *Très rare.*

KELLERHOVEN (M.), *peintre et graveur à l'eau-forte,* 1758 — 1820.

650 Vieillard faisant regarder un garçon dans un miroir. — Vieille donnant de l'argent à un jeune homme. Deux estampes en h. d'après MANFREDI. *Très belles épreuves.*

KILIAN (BARTHÉLEMY), *dessin. et grav. au burin,* 1630—1696.

651 Portraits: Juliane Comtesse de Limpurg, née Comtesse de Hohenlohe avec ses enfans, d'après SCHREYER. — Burckhard Löffelholz, dans une bordure ovale, d'après MEYER. — Carolus D. G. Suecorum, Gotharum et Vandalorum Rex. Gr. in-Fol. gravé par PHILIPP KILIAN. Trois estampes.

KININGER (V.-G.), *dessinateur et graveur à l'eau-forte et en mezzotinto, né en* 1767.

652 Achille méditant la Vengeance de Patrocle, d'après H. FÜGER. Tr. gr. pièce en h. *En couleurs.*

653 Portrait du peintre M.-F. Quadal vu à mi-corps près d'un chevalet et caressant un chien assis devant lui, d'après M.-F. QUADAL. In-Fol. en h.

654 Lion et Léopard, d'après RUTHARD. Tr. gr. pièce en l.

KLEIN (JEAN-ADAM), *peintre et graveur à l'eau-forte, né* 1793.

655 Sujets militaires, dessinés d'après nature et gravés à l'eau-

Nro.

forte par J.-A. Klein 1819. Suite de 6 estampes pet. in-Fol. en l. Manheim chez Dom. Antoine. *Très belle épreuve.*

KLUG (M.-E.), *graveur contemporain, élève de Toschi.*

656 St. Jean-Baptiste assis dans le désert, d'après LE CORRÈGE; *M. E. Klug nello studio Toschi.* In-Fol. en h. *Tr. belle épr.*

KRAFFT (JEAN-LOUIS), *dess. et grav. à l'eau-forte, né en* 1710.

657 Jésus instruit Nicodème, d'après P. P. RUBENS. In-Fol. en h. Belle composition de six figures. P. rare gravée à l'eau-forte d'une pointe spirituelle. *Très belle épreuve.*

KRUG (L.), *peintre et graveur au burin, mort en* 1532.

658 L'Adoration des Bergers (1). *Belle épr.*

659 L'Adoration des Mages (2). *Belle épr.*

KRÜGER (EPHR.-GOTTL.), *dessin. et graveur*, 1718—1790.

660 Joseph présentant son père à Pharaon, d'après FERD. BOL. Belle et gr. pièce. en l. *Très belle épr.*

661 La chaste Susanne, d'après VALENTIN. In-Fol. en l. *Avant la lettre. Idem.*

KUSELL (MELCHIOR), *dessin. et graveur*, 1622—1683.

662 La mort des Jésuites *P. Henric. Walpolas, J. Ogilbeus, Edm. Arrousmithaeus, Rob. Southauellas* et 19 autres, martyres de la foi catholique en Angleterre. Suite de 23 estampes in-4. en h. *Rares.*

LAAN (ADR. VAN DER), *dessin. et grav. à l'eau-forte, né à Utrecht v.* 1690.

663 La pêche aux harengs. Suite de 17 estampes in-Fol. en l. d'après S. V. D. MEULEN.

664 La pêche de la baleine. Suite de 16 estampes in-Fol. en l. d'après LE MÊME.

665 La grande pêche de la baleine, d'après LE MÊME. Très gr. in-Fol. en l. *P. capitale de l'artiste. Très rare.*

LAER (PIERRE DE), *peintre et grav. à l'eau-forte*, 1613—1674.

666 Différens animaux. Suite de 8 estampes (1—8). *Épreuves superbes* provenant des Cabinets *Fries* et *Gabet.*

667 Différens chevaux. Suite de 6 estampes (9—14). *Très belles épreuves.*

668 Berger et bergère assis dans un paysage; au delà un chien. Au haut de la gauche: *P. de Laer p. Romae. Belle gravure à l'eau-forte.* Pet. in-Fol. en h. *Rare.*

Nro.

LAIRESSE (GÉRARD), *peintre et graveur à l'eau-forte*, 1640 — 1711.

669 Bacchus pressant des raisins dans une écuelle tenue par une Nymphe. — Silène endormi. — Bacchante entourée d'enfans et jouant des cimbales. Trois estampes, gr. in-Fol. en h.

670 Le roi Lyncus transformé en lynx. *G. de Lairesse pinx. J. Gole sculp.* Mezzo tinto. *Pièce capitale de Gole.*

671 La politique assise sur un trône entouré de différens personnages allégoriques. Gr. in-Fol. en l. *P. rare et très belle épr.*

LAMINIT (PAUL-JAC.), *graveur au burin, né en* 1773.

672 Vue près de Damas en Syrie, ornée de l'histoire de Rinaldo et Armida, d'après GASPRE POUSSIN. In-Fol. en l. *Tr. belle épr.*

673 Vue du temple de Vénus en Grèce, d'après CLAUDE LORRAIN. In-Fol. en h. *Idem.*

674 Vue du temple d'Apollon en Grèce, d'après LE MÊME. In-Fol. en l. *Idem.*

LAMSVEERDE (S. VAN), *dessin. et grav. à l'eau-forte, né en* 1625.

675 Vue de la Cathédrale et de la tour St. Martin à Utrecht. Tr. gr. pièce en h. enrichie de quantité de figures et composée de 2 morceaux joints ensemble. *Gravure à l'eau-forte.* Nagler 259, 1. *Belle et rare.*

676 Curia Hollandiae Interior. Gr. pièce en l. animée de figures. *Très belle épreuve.*

677 Curia Hollandiae exterior. Gr. pièce en l. animée de figures. *Très belle épreuve.*

LANA (LOUIS), *peintre et graveur à l'eau-forte*, 1597—1646.

678 Le mort de Sénèque, d'après un tableau *du Guerchin* (5). *Très belle épreuve.*

LANGER (FRANÇOIS-XAV.), *graveur au burin et en mezzo tinto à Vienne.*

679 Un Indien assis, d'après J. SCHMUTZER. *Mezzo tinto.* In-Fol. en h. *Très belle épreuve.*

LASINIO (CARLO), *dessin. et grav. flor. vers* 1812.

680 Le jugement dernier et l'Enfer, d'après le fameux tableau D'ORGAGNA, au Campo Santo de Pise. Tr. gr. pièce en l.

LAUGIER (JEAN-NIC.), *graveur au burin, né en* 1783.

681 Jacques Delille, Figure en pied et appuyé sur un fanteuil, dic-

Nro.

tant des vers à sa ménagère. Grande et belle estampe d'après P. DANLOUX. (Nagler 329, 11.) *Très belle épr.*

LAUTENSACK (HANS-SÉBALD), *peint. et grav. à l'eau-f. v.* 1550.

682 Sujets répresentés sur des pierres antiques romaines. Suite de 6 estampes décorant l'ouvrage: *Exempla aliquot S. velust. Rom in Saxis etc. Viennae Austr.* 1560. H. 3, 6. - L. 5, 3. *Pièces non décrites et d'une rareté extrême.* Le monogramme se trouve à chaque morceau.

683 Les armoiries de Wolfg. Lazius, médecin, conseiller et historiographe impérial à Vienne. *Morceau non décrit.* H. 10, 9.- L. 4, 6. *Très rare.*

LAUWERS (NICOLAS), *graveur au burin, né en* 1620.

684 Triomphe de l'Église sur la nouvelle loi; la Foi sur un char tiré par deux anges: *Sic vehitur nova lex* etc. d'après P. P. RUBENS; tr. grande p. en deux feuilles non jointes en l. *Nicolaus Lauwers sculpsit et excudit. Superbe épreuve.*

LE FEBURE (CLAUDE), *peint. et grav, à l'eau-f.* 1636—1673.

685 La Vierge assise dans un paysage tenant l'enfant Jésus sur ses genoux; pet. in-Fol. en h. *Gravure à l'eau-forte, rare et non décrite par Rob.-Dum.*

LEFEVRE (ACHILLE), *graveur au burin, né en* 1798.

686 Le jeune prince de Reichstadt couché à terre dans un riche paysage. PRUDHON PINX. 1811. *Superbe gravure au burin.* Tr. grande in-Fol. en l. *Très belle épreuve.*

LEMPEREUR (LOUIS-SIMON), *dessin. et graveur,* 1728—1807.

687 Les Baigneuses; d'après C. VANLOO; tr. grand Fol. en h. *Très belle épreuve.*

LERPINIÈRE (DANIEL), *grav. à l'eau-f. et au burin, né v.* 1750.

688 Morning, d'après A. CUYP; in-Fol. en l. *Très belle épreuve.*

689 The young Herdman, d'après le même; in-Fol. en l. *Idem.*

LEU (THOMAS DE), *dessinat. et grav. au burin,* 1562—1620.

690 Promethée rongé par le vautour, d'après LE TITIEN; grand in-Fol. en h. *Pièce capitale et rare.*

LEYDEN (LUCAS DE), *peintre et graveur,* 1494—1533.

691 Abraham renvoyant Agar (18). *Belle épreuve.*

692 L'annonciation (35). *Ancienne et belle épreuve.*

693 La résurrection de Lazare (42). *Idem.*

694 Jésus Chrit et les Apôtres répresentés debout (86—98). Treize estampes.

Nro.

695 St. Sébastien (115). *Très belle épreuve.*

696 St. Madelaine debout sur des nuages (124). *Très belle épreuve.*

697 Les sept vertus (127—133). *Suite de sept estampes.*

698 Lucrèce (134). *Anc. et belle épreve.*

699 Les gueux (143). *Idem.*

700 Le seigneur et la dame (145). *Idem.*

701 La femme et la biche (153).

702 Les enfans guerriers (165). *Idem.*

703 Les armes de la ville de Leyde au milieu de quatre ronds (168). *Très belle épreuve.*

704 Deux ronds (170). *Très belle épreuve.*

LIAGNO (TH.-PH), *peintre et grav. à l'eau-forte, mort en* 1625.

705 Saint Jeau prêchant dans le désert; très riche et belle composition (1). *Belle épreuve d'une p. capitale; collée.*

LIVENS (JEAN), *peintre et graveur à l'eau-forte*, 1607—1663.

706 La Sainte Vierge avec l'enfant Jésus (1). *Belle épreuve non décrite, sans nom ni adresse dans la marge du bas.*

707 St. Antoine (8). *Morceau très rare.*

708 Buste de femme (27). *Très belle épreuve.*

709 Buste de vieillard vu presque de face (50).

710 Vieillard assis (52). Joli morceau d'une belle exécution. *Très belle épreuve. Rare.*

711 Portrait d'Ephraïm Bonus. *Belle pièce* (56). *Premier état, avant l'adresse.* Très belle épreuve.

712 Portrait de Daniel Seeghers, Jésuite et peintre de fleurs. *J. Livens pinxit. J. Meyssens excudit.* In-4. en h.

713 St. François, gravé par *W. de Leeuw.* (App. Nr. 92). *Très belle épreuve.*

714 Buste de vieillard, marqué: *P. Angel.* 1637 (App. 102).

LONDONIO (FRANÇOIS), *peint. et grav. à l'eau-forte* 1723—1783.

715 Différens sujets et animaux. Suite de 16 estampes, *Catalogue Rigal* 1 *à* 16. *Très belles épreuves.*

716 Paysages avec troupeaux et sujets champêtres. *Suite capitale* de 12 grandes estampes en l. *Rigal* 57—68.

717 Animaux groupés dans des paysages 71—76. *Suite très rare* de 6 p. *qui a manqué au Cab. Rigal.* In-Fol. en l. *Tr. belles épr.*

LONGHI (PIERRE), *peintre de Venise*, 1702—1762.

718 Quatre sujets de conversation: Apprêts pour aller au bal masqué. — Le maître de musique. — Le chant. — Le dentiste.

Nro.

Ensemble 4 estampes dont deux gravées par *F. Flippart* et les 2 autres par *F. Bartolozzi.* In-Fol. en h. *Belles pièces de genre.*

LORCH (MELCHIOR), *peintre et graveur, né en* 1527.

719 Le Sultan Soliman; figure en pied, avec l'Éléphant magnifiquement harnaché à gauche (14). *Ancienne épreuve, très belle et très fraîche avec 3 l. de marge. Fort rare.*

720 Femme à mi-corps tournée vers la gauche, 1579. *Belle gravure en bois* in-4. en h.

721 Savant debout. — Femme portant un panier. — Turc et Persan armés. 1576 et 1582. *Très belles gravures en bois* in-4. en h. *Rares.*

722 Portrait du Baron de Helffenstein. Pièce capitale, gravée en bois *non décrite et très rare.* H. 11 p. - L. 8, 8.

LORIEUX (N.), *graveur, artiste contemporain.*

723 Vue du temple d'Aegerie près de Corinthe; d'après CLAUDE LORRAIN. In-Fol. en l. *Très belle épreuve.*

724 Vue d'un moulin près d'Athènes, d'après LE MÊME. In-Fol. en l. *Idem.*

725 La plage de Schevelingen, d'après AD. VAN DER VELDE; grand in-Fol. en l. — La plage de Schevelingen; seconde vue, pendant de la précédente et gravée par HULK. Deux estampes gr. in-Fol. en l. *Très belle épreuve.*

LORRAIN (LOUIS-JOS. LE), *peint. et grav. à l'eau-f.* 1715—1760.

726 La descente d'Ulysse aux enfers pour consulter l'ombre de Tiresias; dessiné et gravé (à l'eau-forte) par Le Lorrain; composition d'une multitude de figures. In-Fol. en l. *Épreuve avant toute lettre. Rare.*

LORRAINE (J.-B. DE), *graveur au burin, né en* 1737.

727 L'onde tranquille, d'après VERNET. Grand in-Fol. en l.

LUCAS (FRANÇOIS), *graveur à l'eau-forte et au burin,* 1606—1654.

728 Ivresse de Bacchus, d'après J. JORDAERS; tr. grand in-Fol. en l. *Très belle épreuve.*

LUCCHESE (MICHEL), *graveur au burin, né en* 1539.

729 Moïse frappant le rocher. *P. très rare inconnue à* ZANI. L. 16 p. - H. 10, 3. *Premier état avant l'inscription et l'adresse. Extrêmement rare.*

730 La Ste. Vierge assise sur un trône sous un baldaquin et couronnée par des anges, tient l'enfant Jésus debout à côté d'el-

N ro.

le; à gauche St. Jacques présenté par le petit St. Jean et à droite St. Marc à genoux; à ses pieds est couché le lion vénétien tenant un livre ouvert dans lequel on lit: *Pax tibi Marce Evangelista.* Du même côté dans le fond on voit St. Joseph et au bas de la gauche une grande tablette avec les mots: *Jali Romani inventum Michaelis Lucaesis opera representatum etc. DD: Ant. Lafrerii*; à la droite *M. L. cum privilegio*; et le monogramme de *Kartarus*; grand Fol. en l. *Belle pièce. Très rare.*

LUTMA (JEAN) LE FILS, *orfèvre et graveur au maillet et à l'eau-forte, vers* 1609.

731 P.-C. Hooft; au bas: *Alter Tacitus. Opus mallei per Janam Lutma.* Petit in-Fol. en h. *Cat. de Rembrandt II, p.* 133. *Très belle épreuve.*

732 Différens Cartouches et Mascarons d'orfevrérie. Suite de 10 estampes in-Fol. en h. et l. *Très rares.*

LUYKEN (JEAN), *dessin. et grav. à l'eau-forte, né en* 1649.

733 Zachée sur le Sycomore. — S. Paul emprisonné a Jérusalem. Deux grandes estampes en l.

MAGGI ou MAJUS (JEAN), *peint. et grav. à l'eau-f.* 1566—1620.

734 Paysage montagneux avec fabriques; sur le devant à droite trois pélerins, à gauche: *Joannes Majus i. et f.* petit in-Fol. en l. *Très rare.*

735 Vues de jardins. Suite de 10 estampes petit in-Fol. en l. marqués: *Joannes Majus i. et Fe.* 1601. *Très belles épr. Rares.*

736 *Ornamenti di Fabriche antichi et moderni dell' Alma Città di Roma* 1600. Suite de 12 p. représentant les vues les plus intéréssantes de Rome. Petit in-Fol. en h. *Premier état, avant la retouche. Belles et rares.*

MAIR (ALEXANDRE), *peintre et graveur, né en* 1559.

Morceaux non décrits par Bartsch, Volume IX, p. 597.

737 Le Sauveur debout dans une gloire d'Anges. EGO—SACRA. *Alex. Mair Aug. fe.* H. 4, 2.-L. 2, 7. *Très jolie petite pièce et fort rare.*

738 Raab assiégée et prise par les Chrétiens le 29 mars 1598. Au haut de la g. une Dédicace à la Comtesse Schwarzemberg, de la part du graveur. L. 12 p. - H. 10, 8 l. *Très rare.*

739 St.-Hubert et St.-Othon de Bavière implorant le secours de la Ste. Vierge d'Alt-Oetting. Grande et belle composition,

Nro.

décrite par *Brulliot* dans sa table génerale des Monogrammes page 303, Nro. 6. *Très rare.*

740 Le monde représenté sur le bonnet de l'Espiègle. *O Caput elleboro dignum. — Stultorum infinitur est numerus.* L. 17, 9. - H. 13, 3. *Pièce capitale et très rare.*

MAJOR (ISAC), *peint. et grav. à l'eau-f. et au bur.* 1576—1630.

741 Grands paysages représentant les sîtes les plus sauvages des montagnes de la Bohême; grand in-Fol. en l. Suite complète de 8 estampes dont sept sur papier rougeâtre.

MANGLARD (ADRIEN), *peint. et grav. à l'eau-forte,* 1696—1760.

742 Vue prise près des ruines du temple du soleil. *Rob.-Dum.* 24. Grande pièce en l. *Ancienne et très belle épreuve.*

743 Combat naval. 27. Grande pièce en l. *Premier état avant l'adresse de Billy et le Nro.*

744 Le naufrage. 42. Grande pièce en l. *Premier état.*

MANTEGNA (ANDRÉ), *peintre et grav. au burin,* 1431—1505.

745 La flagellation (1). *Morceau très rare. Ancienne et très belle épreuve d'une parfaite conservation.*

746 Jésus-Christ descendant aux limbes (5). *Pièce capitale et très rare* (provenant du cabinet *Fries* et marquée: *F. Rechberger,* 1804.)

MARATTI (CHARLES), *peint. et grav. à l'eau forte,* 1625—1713.

747 Jésus-Christ et la Samaritaine, d'après ANIBAL CARRACCI, (7). *Premiere adresse. Très belle épreuve.*

748 La flagellation de St. André (11). Grande pièce en l.

749 Heliodore chassé du temple, d'sprès RAPHAËL (13). P. cintrée et *la plus considérable de l'oeuvre.*

750 L'enfant Jésus, couché sur de la paille, est adoré par St. Jean et deux Chérubins. *Belle p. non décrite* L. et H. 10 p. *Rare.*

MARRACCI (HIPOLYTHE), *peint. et grav. à l'eau-forte,* 1637—1704.

751 Le concert d'Anges (XXI, 210, 1.) *Eau-forte très spiritaelle et la seule estampe gravée par ce peintre.* BELLE ET RARE.

MASSARD (JEAN), *graveur au burin* 1740—1822.

752 Agar rçue par Abraham, d'après A. V. DYCK; tr. grand in-Fol. en h. *Très belle épreuve.*

753 La Vierge assise et vue jusqu'aux genoux présente le sein à l'enfant Jésus, assis sur les genoux de sa mère; grande estampe en h. avec le titre: *La plus belle des mères;* d'après LE MÊME. *Pièce capitale et très belle épreuve.*

Nro.

MATHIOLI (LOUIS), *peint. et grav. à l'eau-forte, né en* 1662.

754 Ecce homo, d'après A. V. DYCK (6). Belle pièce en h.

755 La résurrection de J.-Christ (8). *Ancienne et belle épreuve.*

756 Paysage à la famille en voyage (91). *Très belle pièce.*

757 Autre paysage, *non décrit et faisant pendant du précédent.* A droite un ancien édifice en ruines et au-dessous: *Fran. Bosio Inu. L. M. f.* Même dimension. *Superbe et très rare.*

Autres morceaux non décrits:

758 La Vierge de Lorete assise sur la sainte maison portée par des Anges; au bas un paysage. H. 5, 6.-L. 3, 8. *Belle épreuve d'une pièce rare.*

759 Le miracle de St. Benoît durant la messe. Grande et belle composition de 14 figures, gravée d'une pointe délicate et spirituelle. Dans la marge du bas: S. BENEDICTUS. H. 15, 3.- L. 10, 9. *Belle épreuve avec marge virginale.* Très rare.

760 Grand paysage avec une grosse tour ronde à la gauche. L. 17 p.- H, 12, 9. *Belle pièce et superbe épreuve.*

761 Le pendant du morceau précédent. Paysage avec une habitation rustique à la gauche. *Mêmes dimension et qualités.*

MASSON (ANTOINE), *peintre et grav. au burin* 1636—1700.

762 Dupuis, Pierre, peintre de fleurs 1663. *Rob.-Dum.* 25. *Très belle épreuve.*

763 Forbin de Janson, Toussaint; 1663. *Nro.* 27. *Idem.*

764 Marie de Lorraine duchesse de Guise, princesse de Joinville, 32. *Épreuve avec le lapin.*

765 Henri de Lorraine, comte d'Harcourt. Grand portrait en h. connu sous le nom de *Cadet à la perle*, 34. *Pièce capitale et chef-d'oeuvre du graveur.* Rare.

766 Antoine Turgot de Saint-Clair, 66. Belle épreuve signée: *P. Mariette* 1672.

MATHAM (JACQUES), *dessin. et grav. au burin* 1571—1631.

767 Les quatre Docteurs de l'église; d'après JOSEPH CESARI D'ARPIN (87—90). Suite complète de quatre estampes. *Belles épreuves.*

768 Les mages adorant J. Christ et lui offrant des présens; d'apr. JACQ. PALMA (186). *Premier état avant l'adresse de* J. C, VISSCHER; *par conséquent antérieur à celui décrit par B. Rare et belle.*

769 Jésus-Christ résuscitant le fils unique de la veuve de Naïm,

Nro.

d'après FR. ZUCCARO (233). *Premier état, avant les adresses de Visscher et de Valk.*

MATHIEU (JEAN), *grav. à l'eau-forte et au burin*, 1749—1815.

770 Le temps orageux, d'après H. FRAGONARD. Très grand in-Fol. en l. *Très belle épr.*

MATSYS (CORNEILLE), *grav. au burin, vers* 1544—1556.

771 L'histoire de Samson (*B. Vol. IX*, 100, 8—19). Suite complète de 12 estampes. *Très belles épreuves du second état avec l'année* 1562.

MAZZUOLI (FRANÇOIS), dit LE PARMESAN, *peintre et grav. à l'eau-forte*, 1503—1540.

772 La Nativité (3). *Superbe épreuve.*

773 La Résurrection (6). *Pièce rare. Superbe épr.*

774 Ste. Thaïs (10). *Très belle épr.*

775 La vertu victorieuse du vice. *Pièce marquée*: F. P. (XVI, 24, 17.) *Idem.*

776 St. Pierre marchant sur les eaux pour aller à la rencontre de J. Christ; gravé d'après LE PARMESAN par un maître inconnu italien. In-Fol. en l. *Très belle épreuve.*

MELLAN (CLAUDE), *peintre et grav. au burin*, 1601—1688.

777 Le Christ nu, couronné d'épines, conduit par des soldats. Gr. in-Fol. en h. *Très belle épr.*

778 Deux Satyres, dont un assis sur le globe du monde montre une draperie attachée à un arbre sur laquelle on voit un âne ailé; à gauche un vieillard riant et un enfant, qui cueille des raisins; dans le fond une danse de Satyres. In-Fol. en h. *Premier état avant que la planche ait été diminuée, et avant que le vieillard, l'enfant et le danse aient été supprimés. Rare.*

779 Titre pour le livre: *De imitatione Christi.* In-Fol. en h. *Très belle épreuve.*

780 Ste. Généviève patrone de Paris, assise dans un paysage. Gr. pièce en h. *Très belle épr. du cabinet Gabet.*

781 St. Cajetan recevant l'enfant Jésus des mains de la Vierge. Gr. pièce en h. PREMIER ÉTAT, *avant la seconde ligne d'inscription sur la banderole. Rare.*

782 La Sainte-Face de Jésus-Christ. FORMATUR 'VNICVS VNA. Gr. morceau en h. 1649. *Pièce capitale et remarquable, faite d'un seul trait circulaire qui commence au bout du nez,*

Nro.

TRÈS RARE ET DES PLUS RECHERCHÉES. *Belle épr. avec marge virginale.*

783 Nicolas Coeffeteau, évêque de Dardanie et de Marseille. *Beau portrait* in-Fol. en h. d'après DUMOUSTIER. *Tr. belle épr.* Rare.

784 J.-A. de Mesmes, président à mortier. Gr. portr. en h. PREMIER ÉTAT, *avant l'inscription dans la bordure et avant que la pl. ait été réduite à 6 pièces de haut. sur 4 p. 6 l. de largeur.* (Du cabinet *Gabet.*)

785 Claude de Rebe, archevêque et primas de Narbonne. *Beau portrait.* In-Fol. en h. *Rare.*

786 La Prudence, la Religion et la Renommée soutenant le portrait du Duc d'Angoulême. In-Fol. en l. *Très belle épr.* (du Cabinet *Gabet.*)

787 La même estampe. PREMIER ÉTAT, *avant toutes lettres, avant le portrait du personnage, l'arbre à gauche, les montagnes dans le fond à droite et différents autres travaux indiqués ici en partie au crayon.* TRÈS RARE.

MENKEN (J.-H.), *peintre et graveur à l'eau-forte et au lavis, né en* 1764.

788 Le calme. — La tempête; deux sujets d'animaux en manière de lavis. Pet. in-Fol. en l.

MEER (JEAN V. D.), *peintre et grav. à l'eau-forte, v.* 1685.

789 La brébis debout (2). *Morceau extrêmement rare* où le paysage et les animaux sont traités d'un goût et d'une légereté également admirables. ÉPREUVE SUPERBE *et de la plus belle conservation.*

790 Copie trompeuse de l'estampe précédente, gravée par *Ad. de Bartsch.*

MEUNIER (LOUIS), *dessinateur et graveur à l'eau-forte, v.* 1665, *dont les estampes sont rares et recherchées.*

791 Vues d'Aranjuez. Suite de 10 estampes. *Rob.-D.* 56—65. *Belles épreuves du second état.*

792 Vues d'Espagne et de Portugal. Suite de 6 estampes. 66—71. *Anciennes et très belles épreuves.*

Morceaux rares non décrits par Rob.-Dumenil:

793 *Veüe du Palais des Thuileries du costé des parteres. L. Meunier del. et sculp. van Merle ex cum Privil. Regis.* (Premier état.) L. 10. 6. - H. 6, 9. *Très belle épr.*

Nro.

794 *Veüe du grand portail et de l'Église du Val de Grace.* Même dimension. *Idem.*

795 *Veüe du College et de l'Église des quatre Nations.* Même dimension. *Idem.*

796 *Veüe du Louure par le Dedans.* Même dimension. *Idem.*

797 Arc de triomphe du faubourg S. Antoine. Même dimension. *Épreuve d'eau-forte pure. Très rare.*

798 *Veüe de la maison de Mr. le Président de Bretonuiller dans l'île nostre Dame. A Paris chez P. Mariette etc.* L. 12, 3. - H. 9, 2. *Très belle et rare.*

MEYER (CONRAD), *peintre et grav. à l'eau-forte,* 1618—1689.

799 Les oeuvres de miséricorde. Suite complète de 9 estampes, compris deux titres, in-4. en l. *Conrad Meyer invenit, fecit et excadit.* PREMIER ÉTAT *avant les Nros. et les titres. Rares.*

MEYER (MELCHIOR), *artiste de mérite au seizième siècle.*

800 La résurrection du Sauveur, *p. très rare,* marquée des lettres *M. M.* et de l'année 1577; pet. in-Fol. en h. *Ancienne et très belle épreuve.*

801 Apollon écorchant Marsyas 1581. In-Fol. en l. *Pièce très rare. Ancienne et très belle épr. Plusieurs auteurs ont rangés ces deux belles estampes dans l'oeuvre de* MARTIN ROTA. *Voy. Bartsch, Vol. XVI. p.* 246.

MEYERINGH (ALBERT), *peintre et grav. à l'eau-f.* 1645—1714.

802 Les bergers (21). *Très belle épr.*

803 L'inscription (24). *Très belle épr.*

MIDDIMAN (SAMUEL), *grav. à l'eau-f. et au burin,* 1746—1818.

804 Le Moulin à vent, d'après TH. GAINSBOROUGH. Pet. in-Fol. en l.

805 La Chaumière, d'après P. MOLYN. Pet. in-Fol. en l.

806 Shakspeare: Winters Tale, Act III, Sc. 3, d'après J. WRIGHT. Très belle et gr. pièce en l. grav. au burin. *Très belle épr.*

807 Scènes de Shakespeare: the tempest, Act I. Ferdinand and Miranda. — As you like it. Act IV. Orleando and Oliver, d'apr. G. B. CIPRIANI ET G. BARRET. Gr. in-Fol. en l. 2 estampes. *Très belles épreuves.*

808 *Sheperds amusement.* Grand et beau paysage en l. d'après N. BERGHEM. *Première et sup. épreuve à lettres tracées.* (Nagler 256.) *Très rare.*

809 Paysages et vues d'Angleterre, d'après WHEATLY. 3 jolies est. in-4. en l. *Belles épr.*

Nro.

MIGNARD (NICOLAS), *peintre fameux et grav. à l'eau-forte*, 1608 — 1668.

810 L'enlèvement de Ganymède. *Rob.-D.* 1. *Premier état.*

811 La même p. *Second état avec l'adresse de Mariette.*

Morceau non catalogués:

812 Diane et Endymion, d'après AN. CARRACHE. Au bas dans la marge: *Endymion premier observateur etc.* H. 14 p. - L. 10, 3. *Belle pièce et très belle épr. avec toute sa marge.*

813 Hercule et Omphale, d'apr. LE MÊME, avec l'inscription: *Hercule deueint si etc.* Mêmes dimensions et qualités.

MIGNERET (ADRIEN), *grav. au burin, né à Paris en* 1786.

814 Charles XII, suivi de son État-major, traverse à pied la mer à l'Attaque de Copenhague, d'après SCHNETZ, 1840. *Brillante gravure au burin.* Tr. gr. in-Fol. en l. *Épreuve superbe.*

MOEGLICH (A.-L.), *peintre et grav. à l'eau-f.* 1742—1810.

815 Vieillard à grande barbe vu à mi-corps, vetu à l'Orientale et portant un collier avec médaillon. — Dame vue à mi-corps coiffée d'une plume dans les cheveux et portant un collier de perles, d'après BESCHEY. 2 belles pièces à l'eau-forte, pet. in-Fol. en h.

MOITTE (P.-ET.), *grav. à l'eau-forte et au burin*, 1722—1780.

816 Le donneur de Sérénade, d'après J. B. GREUZE. In-Fol. en h.

817 Julien le Roi, Horloger du Roi, ancien directeur de la société des arts, d'après PERRONEAU. In-Fol. en h.

MONOGRAMME ·HF·, *artiste français v.* 1580, *inconnu aux Biogr.*

818 *Les figures et portraits des sept Aáges de l'homme, avec le subject sur chacun diceux* etc. Suite de 8 estampes gravées dans le goût de *P. Woieriot.* Au bas de la dernière: *Parachevez de tailler et graver en Decembre* 1580. *Pour Nicolas le Camus Notaire* HF. L. 9, 3. - H. 7, 4. *Suite extrêmcment rare, de la plus belle conservation et fraîcheur.*

MONOGRAMME HV. (*Bartsch Vol. IX, p.* 52.) *grav. au burin.*

819 Enfant monstrueux né à Strasbourg le 3 Janv. 1606. *P. non décrite.* H. 8, 5. - L. 5, 3. *Très belle épr.*

820 Sujets de Bacchus, Vénus et l'Amour. Cinq p. de forme ronde, *non décrites.* Diam. 3. p. 6 l.

821 Ecusson d'armoiries avec un lion, tenant un pot à anse. *Morceau non décrit.* H. 4, 2. - L. 2, 11.

822 Le même, différement traité. *Idem.* H. 4, 4. - L. 2, 11.

Nro.

823 Autre, placé dans une décoration d'architecture. *Idem.* H. 5, 11. - L. 4, 6.

MOREL (FRANCESCO), *grav. au burin, né en* 1768.

824 Veduta generale del Foro Romano, d'après FIL. GIUNTOTARDI. Tr. gr. in-Fol. en l. *Très belle épr.*

MORGHEN (RAPH.), *dessin. et fameux graveur*, 1758—1833.

825 La Grotta del Cane. Paysage en l. *Raf. Morghen fecit.* Catalogue de Palmerini, Nro. 20. *P. de la plus grande rareté.*

826 Veduta interiore del Truglio *Raffaello Morghen dis. e inc.* 14. *Très rare.*

827 Veduta degli avanzi di 13 pile, 19. *Très rare.*

828 Vues d'Albano, Terni, Tivoli et autres endroits près de Rome. *Suite rare* de 8 estampes in-Fol. en l. toutes marquées: *Raph. Morghen inc.* 71—77. *Belles épreuves avec marge.*

829 Apollon et les Muses sur le Parnasse; *Ludunt Aoniae etc.* d'après RAPH. MENGS, 114. Tr. gr. in-Fol. en l. *Anc. et très belle épreuve.*

830 Thesée vainqueur du Minotaure, d'après CANOVA. 122. Gr. pièce en h. *Ancienne et belle épreuve sur papier de Rome.*

831 La famille du Prince de Holstein-Beck, d'après A. KAUFMANN. 168. Gr. et belle estampe en h. avec 10 vers français au bas.

832 La transfiguration au mont Tabor d'après RAPHAËL. 176. Très grande et superbe estampe en h. *Ancienne et très belle épreuve. Imprimé par Ramboz.*

833 La même estampe. *Épreuve non terminée et avec les travaux seuls de* RAPHAËL MORGHEN. *Superbe et très rare.*

834 Daphné et Philis. — Daphné et l'Amour. 2 gr. pièces en h. d'après *A. Nahl* (Palm. p. 154.) *Rares.*

MORIN (JEAN), *peintre et grav. à l'eau-forte*, 1612—1666.

835 Portrait du Cardinal Guido Bentivoglio, d'apr. A. VAN DYCK. *R. Dum. Nro.* 43. *P. capitale et rare. Très belle épreuve mais avec une petite tache au haut de l'oeil droit.*

836 Henri II, roi de France, 59. *Très belle épr.*

837 Louis XI, roi de France, 63. *Superbe épr.*

838 Jacques le Mercier, architecte, 69. *Belle pièce et très belle épr.*

839 Nicolas de Netz, évêque d'Orléans, 70. *Belle pièce.*

840 D. Grégoire Tarisse, Supérieur de la congrégation de St. Maur, 75. *Belle pièce et très belle épr.*

841 Michel le Tellier, chancelier de France, 76. *Très belle épr.*

Nro.

842 Jaques Tuboeuf, président, 80. *Très belle épr.*

843 Jean du Verger de Hauranne, 82. *Très belle épr.*

844 Marie de Médicis, reine de France. *Pièce rare.* p. 79, **Nro. 4.** *Très belle épr.*

845 Ste.-Véronique tenant le Saint-Suaire empreint de la face de Jésus-Christ. *O vos omnes — videte.* MORCEAU NON DÉCRIT. H. 6 p. - L. 4 p. *Belle et rare.*

MOYAERT ou **MOOJAERT** (CLAUS ou NICOLAS), *peintre et grav. hollandais; florissait dans le 17ème siècle.*

846 Boeufs, vaches et moutons au nombre de onze, dans une campagne; à gauche auprès d'un terrain élevé, où sont des ruines un berger, à droite des arbres et à terre: *Cl. M. fec.* 1638. pet. in-Fol. en l. *Premier état avant l'adresse de Valck. Rare. Très belle épreuve.*

847 Pâtre à genoux devant une dame accompagnée de chiens; à droite un troupeau de chèvres et une bergère au pied d'une montagne où sont des ruines; in-8. en l. *Premier état avant l'adresse de Valk. Très belle épr.*

MÜLLER (FRÉDÉRIC), *peintre et grav. à l'eau-forte,* 1750—1836.

848 Paysan assis à la gauche d'une campagne, accompagné de son chien; à la droite un boeuf, un bélier, deux brébis et un âne debout: *Müller fecit* 1768. — Pâtre endormi, à droite un taureau une chèvre et un mouton couchés. *Friderich Müller F. à Manheim* 1775. — Deux autres petites pièces. En tout 4 estampes.

MÜLLER (HERMAN), *dessin. et grav. à Amsterdam, v.* 1560.

849 L'histoire de Joseph. Suite de 7 estampes. In-Fol. en l. *Premier état.*

850 L'histoire de Josué. Suite de 10 estampes. In-Fol. en l. *Très belles épreuves du premier état.*

851 L'histoire de Gédéon. Suite de 6 estampes. In-Fol. en l. *Premier état.*

852 Le parabole du valet qui fait valoir son argent. Suite de 6 estampes. In-Fol. en l. *Premier état.*

853 Les trois bons juifs, chrétiens et payens. Suite de 3 estampes. In-Fol. en l. *Belles épreuves du premier état.*

MÜLLER (JEAN), *dessin. et grav. v.* 1589—1625.

854 Chilon, législateur de Sparte, en buste dans un ovale (13). *Premier état, avant l'adresse de Corn. Danckerts. Tr. belle épr.*

Nro.

855 Le combat d'Ulysse et d'Irus, d'après C. CORNELIS (30). *Premier état avec les mots*: GOLTZIUS EXCUD. *Très belle épr.*

856 Bellone accompagnant l'armée de l'empereur, d'après SPRANGER (75). *Premier état avant l'adresse de* G. VALCK. *Pièce capitale et très belle épr.*

MUSI (JULES DE), *dess. et gr. de l'école de* MARC-ANTOINE, *v.* 1553.

857 Vues des ports de mer de Claudius et de Trajan. *Pièce rare.* (B. XV, 508.) *Premier état, avant la retouche.*

858 La même p. *second état*, retouché dans toutes ses parties et angmenté de terrains, plantations etc. *Cet état, resté inconnu aux Calcographes, est rare à trouver.*

Morceaux que Bartsch n'a pas décrits:

859 Grand plan de la ville de Rome avec les explications. Au bas de la droite dans un cartouche: IVLIVS . DE . MVSIS . IN . AES . INCIDIT . MDLIII. L. 26, 3. - H. 15, 7. *P. très rare.* (Nagler 58, 2.)

860 Le siége de la ville de Bologne en France. Au bas de la gauche: *Questo è il vero ritratto di Bologna in Francia occupato dal Rè d'inghilterra, et al presente assediato dal christianissimo Rè di Francia* etc. A droite le camp et le fort d'Ardelot. L. 17 p. - H. 11 p. *Morceau fort intéressant et très rare.*

861 Les volières de M. Varro. Au milieu vers le bas: ORNITHON *sive* AVIARIUM M. VARRONIS. PYRRO LIGORIO — 1558. H. 18, 6. - L. 13, 9. *Très rare.*

NANTEUIL (ROBERT), *peintre, dess. et grav.* 1630—1678.

862 Gilles Boileau, greffier au parlement de Paris. *Rob.-Dum.* 43. *Très belle épr. du second état.*

863 Louis de Bourbon, prince de Condé, 79. *Très belle épr.*

864 Guillaume de Lamoignon, premier président du parlement de Paris, 121. *Belle épr.*

865 Louis Phélipeaux de la Vrillière, secrétaire d'État, 123. *Belle épr.*

866 Charles-Maurice le Tellier, archevêque de Rheims, 141. *Très belle épr. du premier état.*

867 Louise-Marie de Gonzague, reine de Pologne, 164. *Belle estampe; rare et recherchée.*

868 Jules Mazarin, cardinal et ministre d'état. Au bas trois vignettes représentant: Louis XIII malade et environné de sa cour, déclarant la reine régente; la bataille de Réthel et la

*

Nro.

levée du siège d'Arras, 180. *Superbe épreuve du premier état.* Très rare.

869 Henri duc de Nemours, 198. *Très belle épr. du second état, avant l'inscription dans la bordure.*

870 Georges de Scudery, membre de l'acad. française, 221. *Superbe épreuve du premier état, rare à trouver de cette qualité.*

871 Jean-Bapt. de Steenberghen, conseiller du roi. *Pièce capitale,* connue sous le titre de *l'Avocat de Hollande,* 226. *Superbe épreuve du premier état.* Très rare.

872 Le même portrait. *Belle épr. du quatrième état.* Rare.

NASINI (JOSEPH), *peintre et grav. à l'eau-forte, né en* 1650.

873 La St.-Vierge avec l'enfant Jésus et le petit St. Jean. (1.) *Très belle eau-forte et la seule que ce peintre ait gravée.* Rare.

NÉE (DÉNIS), *graveur de Paris,* 1732—1818.

874 Vue des environs de Frascati. — Fontaine des environs de Tivoli, d'après J.-B. LALLEMANT. Deux estampes in-Fol. en. l.

NELLI (NICOLAS), *dessin. et grav. né vers* 1530.

875 Différens oiseaux. Suite de 24 est. in-8. en l. Gravées d'une pointe ferme et spirituelle. (*Nagler p.* 182. *Nro.* 8.) *Très belles et de la plus grande fraîcheur.* RARES.

876 *La Venerabila Poltroneria Regina di Cucagna.* Estampe rare, marquée: *N. Nelli inv. et fec.* 1561. (Nagler 182, 1.) In-Fol. en l. *Très belle et d'une grande fraîcheur.*

877 Sujet emblématique sur la charité chrétienne. — Le noeud indissoluble. 1572. Deux estampes. In-4. en h.

NEVE (FRANÇOIS DE), *peintre et grav. à l'eau-forte, né en* 1627.

878 Le pêcheur à la ligne (5). *Très belle épr.*

879 L'arbre sortant de l'eau (9). *Idem.*

880 L'architrave (10). *Idem.*

NEWTON (JAMES), *grav. à la pointe et au burin, né en* 1743.

881 Paysage avec un troupeau de vaches traversant une rivière, d'après CLAUDE LORRAIN. In-Fol. en l. de forme ovale.

NIELLES.

882 Marche de guerriers romains, dirigée vers la gauche. *Morceau très rare, non décrit.* H. 1, 5. - L. en haut: 11 l., en bas: 6 l.

883 Sacrifice antique sur un autel entouré de 13 personnes. A droite un boeuf derrière un arbre. *Très belle pièce non décrite.* L. 2 p. 4 l. - H. 1 p. 3 l. *Extrêmement rare.*

Nro.

884 L'amour à la corbeille de fleurs. (Cab. Cicognara, Nro. 152.) *Rare.*

FAC - SIMILE DE NIELLES.

885 St. - Jean l'Evangéliste (B. Vol. XIII, p. 53, Nro. 8).

886 Un roi assis, tourné vers la droite (23).

887 Un lion déchirant un homme (26).

888 La Vierge assise sur un gazon avec l'enfant Jésus. Pièce ronde. Diam. 1 p. *Imprimée à l'imitation de l'original en argent.*

889 Buste de Jésus - Christ tourné vers la gauche. Pièce ronde. Diam. 2 p. 5 l. *Idem.*

NOLPE (PIERRE), *peintre et grav. à l'eau-forte*, 1601—1651.

890 La rupture de la digue Saint-Antoine à Amsterdam, en 1651, d'après W. SCHELLINKS. (Nagler Nro. 38.) Gr. in - Fol. en l. *P. très rare et véritable Chef-d'oeuvre. Très belle épr.*

891 La rupture de la grande digue près d'Amsterdam, offerte en deux représentations imprimées sur la même feuille. *Grande et belle pièce capitale* en l. d'après J. ESSELENS (Asselyn). (Nagler Nro. 37.) *Très rare.*

892 Vue d'une tempête; d'après PIERRE POTTER, Beau morceau de la plus savante éxécution. Tr. gr. in - Fol. en l. *Belle épr.*

893 Pâtre conduisant un troupeau de bétail vers la gauche; à droite des cabanes etc. d'après LE MÊME. Tr. gr. in - Fol. en l. *Très belle épr.*

894 Les gueux et mendians, d'après P. QUAST. Suite de 26 est. in-4. en h. (*Huber et Nagler* n'indiquent que 18 p.) Aus bas de la première: 1638 TIS AL VERWART - GAEREN. Belles et rares.

895 Mariage d'Henri IV et de Marie de Médicis. — Char de triomphe avec Louis XIII, Gaston de Foix etc. — Henri IV sous la figure d'Hercule et 6 autres sujets de l'histoire de Marie de Médicis, d'après MOYAERT. L. 14 p. - H. 10, 9. Belles gravures à l'eau-forte. *Anc. et très belles épr.*

NON (RICHARD, ABBÉ DE SAINT), *dess. et grav.* 1730—1792.

896 Vues et Monumens d'Italie, ornés de figures dans le goût de Salv. Rosa, d'après LE PRINCE. Suite de six est. in - Fol. de forme ovale. *Très belles épreuves.*

897 Paysage avec un troupeau de brébis précédés d'un chien, d'apr. B. CASTIGLIONE. In - Fol. en h. *P. capitale du graveur.*

Nro.

NORBLIN (JEAN-PIERRE), *peintre et excellent graveur à l'eau-forte dans le goût de Rembrandt, né en* 1745, *a vécu en Pologne de* 1771—1804.

898 La résurrection de Lazare. *Très belle gravure à l'eau-forte dans le goût de* REMBRANDT. *Inconnue à Zani.* H. 7 p. - L. 6, 3. *Épreuve superbe sur papier de chine. Très rare.*

899 Susanne au bain surprise par les vieillards. *P. pareille.* L. 8, 6. - H. 6, 4. *Épreuve comme la précédente.*

900 Vieux Polonais debout sous un baldaquin et écrivant dans un livre posé sur une table. *P. pareille.* H. 9 p. - L. 8 p. *Idem.*

901 Sujet historique où des guerriers offrent la couronne à un Capitaine polonais. Au bas de la gauche: *Norblin fecit 1777 à Wolszin en Lithuanie.* H. 15, 9. - L. 11 p. *Mêmes qualités.*

902 Jésus-Christ présenté au peuple. *Grande et magnifique composition dessinée et gravée parfaitement dans le goût de* REMBRANDT. *Pièce capitale. Inconnue à Zani.* L. 15, 3. - H. 13, 10. *Épreuve brillante avec barbes.* TRÈS RARE.

NORTON (CH.), *grav. à l'eau-forte et au burin, v.* 1760.

903 La petite montagne. — Le petit pont de pierre; d'après F. PILLEMENT. Deux estampes in-Fol. en l. *Très belles épreuves.*

OGBORNE (JOHN), *dessin. et grav.* 1725—1795.

904 Scène de Shakespeare: Much ado about nothing. Act IV. Scène II. d'après ROB. SMIRKE. Très grande pièce en l. en manière pointillée. *Très belle épreuve.*

OPEL (PIERRE), *armurier et grav. à l'eau-forte, v.* 1586.

905 Vue de la Cathédrale de Ratisbonne en 1593. *Pièce capitale et très rare,* marquée au bas: *Petrus Opel. C. R.* L. 15 p. - H. 10, 9. (*Nagler* 362, 1.)

906 Ecusson d'armoiries, entouré de quatre figures allégoriques. *Belle et rare, gravée dans le goût de J. Aman* et marquée au bas du monogramme cité par *Brulliot*, 3014. H. 7, 9. - L. 5, 10.

OSSENBEECK (J. VAN), *peintre et grav. à l'eau-f.* 1627—1678.

907 Une chienne couchée dans un paysage (8). *Rare.*

908 Les deux Aniers en repos (17). *Rare.*

909 Les masses de rochers, d'après S. ROSA. (28).

910 Représentation d'un ballet à cheval. Suite de 14 est. *gravées d'une pointe légère et spirituelle* (32—44). *Très rares.*

911 Les occupations de la campagne pendant les quatre saisons. Suite de 4 est. (p. 308, 6—9.) *Très belles épr. avant les Nros.*

Nro.

912 Trois anges voltigeant sur des Nuages dans un bois. Au haut de la droite le monogramme. *Pièce non décrite.* TRÈS RARE. L. 9, 8. - H. 7, 2.

OSTADE (ADRIEN VAN), *peintre et grav. à l'eau-f.* 1610—1685.

913 Le fumeur. Planche ovale (5).

914 Homme et femme marchant ensemble (24).

915 Le marchand de lunettes (29).

PALLOT (PHILIPPE), *dessin. et grav. à l'eau-forte, v.* 1686.

916 Vues de Rome. Suite de 6 est. rares, in-8. en l. Gravées à l'eau-forte et marquées: *Fil. Pallot del. inc.* 1686. (Nagler, p. 484.) *Très belles épreuves.*

PANNELS (GUILLAUME), *dess. et grav. à l'eau-f. né v.* 1600.

917 Jupiter et Junon sur les nues, d'après P. P. RUBENS. Basan, 92, 16. *Très belle épreuve.*

818 La Charité romaine, d'après LE MÊME; 115, 36. *Très belle épr.*

PARBONI (PIETRO), *graveur au burin, v.* 1810.

919 I celebri Freschi di GASPARE POSSINO nella Chiesa di S. Martino à Monti in Roma, rappresentanti i miracolosi fatti de SSti. Elia ed Eliseo, ora per la prima volta incisi da Pietro Parboni. Roma 1810. *Suite complète de quatorze estampes, titre compris.*

PASS (CRISPIN DE), *dessin. et graveur, né en* 1540.

920 L'ange annonciateur. — La Vierge recevant le message. Deux estampes in-Fol. en h. *Très belles épreuves.*

921 Deux anges voltigeant en l'air avec une grappe de raisin, d'apr. J. DE BACKER. In-Fol. en l. *Très belle épreuve.*

922 Pyrame trouvant Procris expirante, d'apr. P. MORELSE. Grande et belle pièce en l. *Superbe épr. du premier état.* Rare.

923 Portrait de Thomas Candysh, nobilis anglus. In-4. en h. *P. très rare.* (Bromley p. 38) *Très belle épreuve.*

924 Lothaire archevêque de Trèves à cheval, en grand costume. Grande et belle pièce en h. *Épreuve superbe.*

925 Ferdinand archevêque de Cologne à cheval en grand costume. Grande et belle pièce en h. *Épreuve superbe.*

926 Albert archiduc d'Autriche et Maurice prince d'Orange, représentés à cheval sur la même feuille. Grande pièce capitale en l. *Très belle épr.*

PASS (SIMON DE), *dess. et graveur au burin, né en* 1574.

927 Portrait de Sir Walter Raleigh, à mi-corps avec la devise:

Nro.

Fortunam ex Aliis. In-4. en h. (*Bromley* p. 50. *Scarce.*) Belle pièce et très rare.

928 J. Hay Baron. Saley, 1617. (*Bromley p.* 70.) In-4. en h. *Sim. Passaeus sc. Lond.* Très rare.

929 Nicol. Ridley, évêque de Rochester. In-4. en h. *P. très rare,* non décrite par *Bromley.*

930 Henri Herbert Pembroke. *P. très rare et non décrite.* In-4. en h. *Belle épreuve du premier état.*

931 John Whitgift, évêque de Worcester. *P. pareille.* In-4. en h.

932 Les Armoiries du Prince Henri-Maurice d'Orange entourées d'Ornemens. Grande pièce en h. *P. rare et très belle épreuve.*

933 Les Armoiries du Prince Fréderic-Henri d'Orange. *Mêmes qualités.*

PAUL ou **PAULI** ou **DE PAULIS** (ANDRÉ), *dess. et graveur à l'eau-forte et au burin, né v.* 1598.

934 Le Titien et sa maîtresse, d'après LE TITIEN. Grand in-4. en h. *Très belle épreuve.* (Nagler, p. 20, Nro. 2.)

935 L'arracheur de dents, d'après TH. ROELANTS. Composition intéréssante de huit figures. *Belle p.* in-Fol. en l. (Nagler, 3.)

936 St. Pierre réniant le Christ, d'après. G. SEEGHERS. In-Fol. en h. *Zani VII,* 192, II. *BB. RR. e suo capo d'opera. Très belle épreuve* (du cabinet Gabet).

PEGNA (HYAC. DE LA), *peintre et graveur, né v.* 1700.

937 Grande attaque de la forteresse Colle dell Assietta en Piémont par les troupes françaises en 1754; tr. gr. in-Fol. en l. *P. capitale gravée d'une pointe spirituelle et la plus rare de l'artiste.*

PEHAM (GEORGES), *peint. et grav. à l'eau-forte,* 1545—1602.

938 Neptune sur un char attelé de quatre chevaux marins; petit in-Fol. en h. *Rare.*

PELLETIER (JEAN), *grav. à l'eau-forte et au burin, né v.* 1736.

939 L'abreuvoir aux ruines du Colisée, d'après BERGHEM; grande pièce en l. *Très belle épreuve.*

PESNE (JEAN), *peintre et graveur à l'eau-forte,* 1623—1700.

940 La Vierge, l'enfant Jésus et le petit St. Jean. Belle estampe en h., d'après N. POUSSIN. *Rob.-Dum.* Nro. 8. *Ancienne et belle épreuve* avec *Dilectus meus etc.*

941 L'assomption de la Vierge, 11. *Ancienne et belle épreuve.*

942 La Charité romaine, 13. *Belle épreuve du premier état.*

Nro.

943 La grande sainte Famille servie par les anges, 16. *Premier état avant quantité de travaux. Très belle et rare.*

944 La mort de Saphire, 19. Grand et beau morceau. *Tr. belle épr.*

945 Le testament d'Eudamidas, 29. *Belle épreuve.*

PETHER (WILLIAM), *peint. et grav. en mezzotinto,* 1731—1795.

946 L'Alchmyste dans son Laboratoire, d'après J. WRIGHT. Grand in-Fol. en h. *Chef-d'oeuvre de gravure en mezzotinto. Très belle épreuve avant la lettre.*

947 The Eremite contemplating; d'après LE MÊME. Grand in-Fol. en h. *Chef-d'oeuvre. Très belle épreuve avant la lettre.*

PFEIFFER (CHARLES-HERMANN), *dessinateur et graveur au pointillé, né en* 1769.

948 Divers Portraits: Prince Schwarzenberg, d'après STIELER-Sintzendorf d'après FÜGER-Trautmansdorf etc. etc. *Douze est.*

949 Rudolphe de Habsbourg couronnant l'Archiduc Charles d'Autriche; d'après FÜGER; tr. grande pièce in-Fol. en h. *avant toute lettre.*

950 Jugement de Salomon, d'après STELLA; grande composition en l. *Avant toute lettre.*

951 Paysage, d'après CH.-H. BRAND; dédié au Conseil de l'Académie des beaux arts. In-Fol. en l. *grav. à l'eau-forte.*

PFINZING (P.), *dess. et graveur à l'eau-forte* 1554—1596.

952 La ville de Neus. Grande pièce en l. *Rare.* (*Brulliot I,* 3035.)

PICCIONI (MATH.), *peintre et graveur à l'eau-forte, v.* 1640.

953 Le petit Moïse exposé aux eaux du Nil (1). *Belle épreuve.*

954 Les Bas-reliefs de l'arc de Constantin. Suite de 21 estampes, titre compris (3—23). *Anciennes et très belles épreuves avec grandes marges virginales.* RARES.

PICHLER (JEAN PIERRE), *dessin. et grav. en mezzot.* 1765—1806.

955 Vue d'une grande grotte et son pendant; d'après C. DE BOIS; tr. grandes pièces en l. *Très belles épr. avant la lettre. Rares.*

PIRINGER (BENOÎT), *dessinateur et graveur à l'eau-forte et en maniere du lavis,* 1780—1826.

956 Deux paysages à l'aquatinta, d'après SCHÖNBERGER; tr. grand in-Fol. en l. *Très belles épreuves avant la lettre.*

957 Deux grands paysages en l., d'après G. POUSSIN; tr. grand in-Fol. *Idem.*

958 Deux beaux paysages, in-Fol. en l. gravés à l'eau-forte. *Avant toute lettre.*

Nro.

959 Deux beaux paysages, in-Fol. en l. *gravés à l'aquatinta sur ses propres compositions. Très belles épreuves.*

960 Vues de Tyrol, dessinées d'après nature par RUNK, et gravées à l'aquatinta par PIRINGER. Suite de six estampes in-Fol. en h. *Très belles épreuves.*

PLEGINCK (MARTIN), *graveur au burin et à l'eau-f. v.* 1590.

961 Le siège de Petrinia et de Sisseck sous le commandement de M. de Eggenberg en 1595. *Pièce non décrite par B. Vol. IX, p.* 590. L. 12 p. - H. 8 p. *Très rare.*

PLONSKI (MICHEL), *Artiste polonais, travaillant à Amsterdam, vers* 1802—1805.

962 Son oeuvre, composée d'études de têtes et de figures, Gueux, Juif d'Amsterdam, Marchand de paniers et autres sujets. *En tout* 19 *estampes gravées à l'eau-forte, d'une pointe facile et spirituelle.*

PLOOS VAN AMSTEL (CORNEILLE), *dessin. et grav.* 1726—1798.

963 Deux petits paysages in-12. d'après H. ZAFTLEVEN. — Marine, d'après J. ESSELENS. In-Fol. en l. Trois estampes d'après des dessins à l'encre de la chine.

PO (PIERRE DEL), *peintre et graveur à l'eau-forte,* 1610—1692.

964 La Vierge et St. Joseph adorant l'enfant Jésus (3). *Très belle.*

965 St. Jérôme à genoux dans le désert (17). Grande et belle estampe en h. PREMIER ÉTAT, *avant l'adresse de Bertrand. État non décrit et très rare.*

966 La même p. *Belle épreuve du second état avec l'adresse de Bertrand, avant la retouche et l'adresse de Malbouré.*

967 La Ste. Vierge assis sur un trone, entourné de Saints (23). *Composition superbe et pièce capitale.* Grand in-Fol. en h.

968 Neptune sortant du sein des Eaux (31). *Pièce rare.*

969 Vénus couchée dans la forge de Vulcain (32). *Pièce rare.*

970 La Vierge tenant l'enfant Jésus auquel St. Joseph veut ôter une branche de palmiers. *Pièce non décrite.* H. 9, 10. - L. 7, 2. *Très belle et rare.*

PODESTA (J.-ANDRÉ), *peintre et graveur à l'eau-forte, v.* 1640.

971 St. François changeant le pain en roses (1). *Très belle pièce.*

972 Bacchus à son retour des Indes (6). *Belle épreuve.*

973 Bacchanale. Même composition que celle décrite sous le Nro. 7 de B. mais d'une plus grande dimension et gravée d'une pointe

Nro.

pleine de feu, dans le gôut de la pièce Nro 1. *Winkler* 5075. L. 21, 3. - H. 15, 6. *Très belle et rare.*

POELENBORCH (SIMON), *artiste hollandais, sur lequel on n'a pas de données.*

974 Jeune femme assise à droite entre deux hommes près d'une table; à gauche la vue d'un jardin. Au bas de la droite: *Esaie van de Velde Inventor* 1614, à gauche: *Simon Poelenborch fecit.* H. 5, 5. - L. 3, 8. *Très belle gravure à l'eau-forte. Rare et inconnue aux Biographes.*

POILLY (FRANÇOIS DE), *dess. et graveur au burin*, 1622—1693.

975 La Vierge tenant l'enfant Jésus sur son bras gauche: *Laena ejus* etc. d'après. P. MIGNARD. In-Fol. en h. *Belle pièce.*

976 La Vierge tenant l'enfant Jésus endormi, d'après LE GUIDE. Grande et superbe p. en h. *Très belle épreuve.*

977 L'adoration des bergers. Grande pièce de forme octogone d'après LE GUIDE. *Rare et recherchée.*

978 Jésus-Christ à la croix, d'après CH. LEBRUN. Grande et belle pièce en h. *Très belle épreuve.*

979 La descente de croix, d'après LE MÊME. Pièce pareille et *très belle épreuve avant l'adresse de Crépy.*

980 Ste. Cécile donnant ses biens aux pauvres. Grande et belle composition du DOMINIQUIN. Rare.

981 La mort de Ste. Cècile, d'après LE MÊME. Pendant de la p. précédente et gravé par *J. B. de Poilly.* Rare.

982 Moïse changeant les verges en serpents, d'après N. POUSSIN. Grande pièce en l. *Très belle épreuve.*

983 Esther évanouie devant Ahasvère. Grande et superbe composition du POUSSIN. Zani IV, 92. *Très belle épreuve.* Rare.

984 St.-Charles communiant les pestiférés, d'après P. MIGNARD. *Pièce capitale.* Très grande in-Fol. en h. PREMIER ÉTAT *où le Saint donne le Viatique de la main gauche.* EXTRÊMEMENT RARE. *Très belle épreuve mais avec un pli brisé au milieu.*

985 La même p. SECOND ÉTAT où le Saint donne le Viatique de la main droite. *Belle.*

POILLY (J.-B. DE), *dessinateur et graveur*, 1669—1738.

986 Susanne accusée par les Vieillards, d'apres ANT. COYPEL; Tr. grand in-Fol. en l. *Pièce capitale du graveur.*

987 Les Dieux d'Olympe, d'après P. MIGNARD. Tr. grande p. en l.

Nro.

988 L'adoration du veau d'or: PEUPLE FOU etc. d'après NIC. POUSSIN; très grande pièce en l. *Très belle épreuve.*

989 Nativité de Jésus-Christ, d'après GAUD. FERRARI. in-Fol. en h.

990 La Ste. Vierge adorant l'enfant Jésus. Grande et belle pièce en h. d'après BENV. GAROFALO.

991 Jésus-Christ aux nôces de Simon le pharisien, d'après CH. LEBRUN. Très grande et belle pièce en h. *Zani* VI, 327.

PONHEIMER (KILIAN) PÈRE, *grav. à l'eau-forte, né en* 1757.

992 Deux paysages, d'après CHRÉT. BRAND, petit in-Fol. en l.

993 Études d'arbres. Suite de six estampes in-Fol en h. en manière de crayon.

PONTIUS (PAUL), *dessinat. et graveur au burin, né en* 1596.

994 L'assomption de la Vierge, d'après P.-P. RUBENS. Très grande pièce en h. *Basan*, 52, 9.

995 Le corps mort de Jésus-Christ pleuré par deux anges, d'apr. P. VAN AVONT. Petit in-Fol. en l. *Belle et rare.*

996 Le corps mort de Jésus-Christ pleuré par la Vierge et les SS. Femmes. Grande et belle pièce en h. d'après A. VAN DYCK. Zani VIII, 227, III. *Épr. avant l'adresse de Bonenfant.* Rare.

997 Gustav Adolph roi de Suède, d'après ANT. VAN DYCK. In-Fol. en h. *Très belle épreuve.*

998 D. Emanuel Frockas Perera, d'après A. VAN DYCK. In-Fol. en h. *Très belle épreuve.*

999 Le même portrait. *Épreuve antérieure, avec le mot:* PINYRA, changé plus tard en PERERA. *Superbe et très rare.*

1000 D. Balthazar Gerbier, ambassadeur, d'après LE MÊME. *Très belle épreuve avant l'écriture sur le papier.* RARE.

1001 Nicolas Rockox, d'après LE MÊME. Grande pièce en h. *Très belle épreuve avant le nom du peintre, la date de la mort du personnage etc.* TRÈS RARE. (Du cabinet Gabet.)

1002 Le même portrait. *Belle épreuve avec le nom du peintre, la date de la mort et une autre inscription dans la bordure ovale.* RARE.

1003 Frédéric-Henri prince d'Orange, d'après LE MÊME. Grand PORTRAIT CAPITAL en h. *C. van der Stock exc.*

POOL (MAT.), *dessinateur et graveur, né en* 1670.

1004 Abimélech voyant par sa fénêtre Isaac caresser Rebecca, d'apr. BARENT GRAAT. In-Fol. en h. *Très belle épreuve avant l. l.*

Nro.

POORTER (WILH. DE), *peintre de Harlem, v.* 1637.

1005 Femme assise au bord de la mer, tenant une plume de la main droite et un livre sur ses genoux. EAU-FORTE DU PEINTRE. *P. fort rare, inconnue aux Biographes.* L. 5, 10. - H. 3, 9.

1006 Guerriers visitant un vieillard couché à terre. *Pièce pareille.* L. 5, 11. - H. 4, 7.

POST (FRANÇOIS), *peintre et grav. à l'eau-f. né à Harlem v.* 1624.

1007 Vue du golfe de tous les Saints. Grande pièce en l. *Huber et Rost VI,* 143, 2. *Très rare.*

Morceaux non décrits par H. et Rost:

1008 Vue des environs d'Olinda. Grande pièce en l. *Très belle et de la plus grande fraîcheur.*

1009 Vue prise dans les environs d'Alagoa. Même dimension. *Très belle et de la plus grande fraîcheur.*

1010 Vue de l'Isle St.-Thomas. Grande pièce en l. *Très belle.*

1011 Vue de Loanda S. Pauli. Très grande pièce composée de 2 morceaux joints en l. *Très rare.*

POTTER (PAUL), *peintre et grav. à l'eau-forte,* 1625—1654.

1012 La vache avec la corne crochue (5). *Superbe épreuve du premier état.* TRÈS RARE.

1013 Les deux vaches vues par derrière (8). *Mêmes qualités.*

1014 Le vacher. *Paulus Potter in. et f.* 1649 (14). *Pièce rare. Ancienne et belle épreuve (du cabinet Gabet).*

1015 Le berger (15). *Pièce rare. Ancienne et belle épr. l'adresse de Cl. de Jonghe effacée.*

PRESTEL (J.-TH.), *peintre et grav.* 1739—1808.

1016 Les 12 Apôtres, d'après ISR. VAN MECKEN. Suite complète de 6 estampes in-Fol. en l. (*Nagler,* 50, 107). *Rares.*

RAHL (CHARLES), *dess. et graveur, né en* 1779.

1017 Ste. Cathérine, domptant le démon, d'après RAPHAËL. In-Fol. en h. *Épreuve superbe.*

1018 La Madelaine du CORRÈGE. Grande pièce en l. *Superbe épreuve d'une brillante gravure au burin.*

RAIMONDI (MARC-ANTOINE), *dessin. et fameux graveur au burin,* 1488—1539, et ses Élèves: AUGUSTIN DE MUSIS, 1490—1540 et MARC DE RAVENNE, 1496—1550.

1019 Le massacre des Innocents, d'après RAPHAËL (20). Répétition de Nro. 18. gravée par MARC DE RAVENNE. (*Zani et Malvasia l'attribuent à* MARC-ANTOINE). *P. rare. Ancienne et belle épr.*

Nro.

1020 Les Maries pleurant le corps mort de J. Christ, d'après RAPHAËL, par AUGUSTIN VÉNITIEN (38). TRÈS BELLE ESTAMPE. *Premier état, avant la retouche.* RARE.

1021 La Vierge au berceau, d'apr. RAPHAËL par MARC-ANTOINE (63). *Pièce rare. Ancienne et belle épr.*

1022 La pièce de cinq Saints, d'après RAPHAËL par MARC-ANTOINE (113). *Très belle épreuve d'une pièce capitale et rare,* que Vasari appelle *une grande et très belle estampe.*

1023 Didon, d'après RAPHAËL par MARC-ANTOINE (187). *Pièce très rare et très belle épreuve.*

1024 Les Bas-relief de la Colonne Trajane. Suite de 4 grandes estampes, gravées par MARC DE RAVENNE (202—205). *Très belles épreuves.* RARES.

1025 La Bacchanale, gravée par MARC-ANTOINE (248). PIÈCE EXTRÊMEMENT RARE. *Ancienne et très belle épreuve.*

1026 Hercule étouffant le lion de Némée, d'après RAPHAËL, par AUGUSTIN VÉNITIEN (287). *Très belle pièce.* RARE.

1027 Vénus sur la mer, d'après RAPHAËL par MARC DE RAVENNE (323). *Belle épreuve du premier état.*

1028 Apollon par AUGUSTIN VÉNITIEN (328). *Superbe épreuve du premier état.* TRÈS RARE.

1029 Vénus et Vulcain entourés d'Amours, d'après RAPHAËL par AUG. VÉNITIEN (349). *Belle épreuve d'une estampe capitale.*

1030 L'homme tenant une femme par les mains, d'après RAPHAËL par AUG. VÉNITIEN (471). *Pièce rare.* PREMIER ÉTAT, *avant la retouche et l'adresse.* ÉPREUVE SUPERBE.

1031 Femme debout près d'un Vase, d'après RAPHAËL par AUG. VÉNITIEN (478). *Belle épreuve avant l'adresse de* SALAM. *Rare.*

1032 La mort des enfants de Niobé. (B. XV, 42, 13). *Belle épr. avec la date de 1541, changée plus tard en celle de 1544.*

1033 L'abreuvoir des boeufs (XV, 51, 8). *Belle pièce, évidémment de* MARC-ANTOINE. Épreuve avant que la planche ait été reduite à 4 p. 2 l. de larg.

RAVENET (SIMON-FR.), *grav. au burin et à l'eau-f.* 1721—1774.

1034 Lucrèce pleurant son infortune, d'après AND. CAZALI. Grande pièce en h. *Très belle épreuve.*

1035 Lucrèce pleurant son infortune, d'après J. MORTIMER. Grande pièce en h. *Idem.*

Nro.

REMBRANDT VAN RHYN (PAUL), *fameux peintre et graveur à l'eau-forte*, 1606—1674.

1036 Portrait de Rembrandt à bonnet et robe fourrés (14). *Ancienne et très belle épreuve.*

1037 Portrait de Rembrandt tenant un sabre (18). *Anc. et belle épr.*

1038 Portrait de Rembrandt et sa femme (19).

1039 Abraham avec son fils Isaac (34). *Ancienne épreuve.*

1040 Jacob pleurant la mort de Joseph (38). *Ce morceau, estimé un des meilleurs du maître, est très rare.*

1041 L'ange disparaît devant la famille de Tobie (43). *Premier état* avant des contre-tailles sur les vêtemens de l'ange, des Tobies, au bas de la gauche etc. *Très rare.*

1042 La Samaritaine (70). *Ancienne et belle épr.*

1043 La grande résurrection de Lazare (73). *Anc. et bonne épr.*

1044 J. Christ au jardin des olives (75). *Rare.*

1045 Les trois croix (78). *Très belle épreuve du troisième état, avec barbes, avant la retouche et l'adr. de F. Carelle.* RARE.

1046 Le retour de l'enfant prodigue (91).

1047 La décollation de St. Jean Baptiste (92). *Ancienne et belle épreuve d'un morceau que ne se trouve jamais vigoureux d'épreuve.*

1048 Le martyre de St-Etienne (97). *Morceau gravée avec soin et d'un bel effet.*

1049 St.-Jérôme à genoux, tourné vers la droite (102).

1050 Autre St.-Jérôme (104). *Premier état.*

1051 L'heure de la mort (108).

1052 Chasse aux lions (115). *Très belle épr.*

1053 Le petit orfévre (123). *Pièce rare.*

1054 Le paysan avec femme et enfant (131). *Anc. et belle épr.*

1055 Juif à grand bonnet (133). *Gravé d'une pointe légère et pleine d'esprit.*

1056 Paysan les mains derrière le dos (135).

1057 Le joueur de cartes (136). *Très belle épr.*

1058 Polonais portant sabre et bâton (141). *Très belle épr.*

1059 Vieillard sans barbe (150). *Très belle épr. du quatrième ou troisième état. Rare.*

1060 Figure d'un vieillard à courte barbe (151).

1061 Gueux et gueuse en conversation (164).

1062 La femme avec la calabasse (168). *Très belle épr.*

Nro.

1063 Paysan déguénillé les mains derrière le dos (172). *Très belle épreuve d'un morceau gravée d'une pointe fine et très spirituelle.*

1064 Mendians à la porte d'une maison (176). *Ce morceau est un des plus interéssants et des mieux exécutés de cette classe.*

1065 Le dessinateur d'après le modèle (192). *Très belle épr.*

1066 Les baigneurs (195).

1067 Homme à barbe courte et bonnet fourré (263). *Second état.*

1068 Portrait de J. A. van der Linden (264).

1069 Clement de Jonge (272). *Très belle épr.*

1070 Le jeune Haring (275). *Épreuve de la planche coupée.*

1071 Jean Lutma (276). *Très belle épr.*

1072 Tête d'homme chauve (292). *Très belle épr.*

1073 Vieillard sans barbe (299). *Très belle épr.*

1074 Vieillard a barbe courte (300). *Rare.*

1075 Vieillard chauve à courte barbe (306). *Très belle épr.*

1076 Homme avec trois crocs (319). *Très belle épr.*

1077 Mauresse blanche (357). *Très belle épr.*

1078 La petite mariée juive (342). — Vieille qui dort (350). — Trois têtes (374). *Très belles copies trompeuses, non décrites.*

1079 Jeune homme vu à mi-corps. *B. II*, 111, 30. Pièce gravée par RENESSE. — Vieillard tourné vers la gauche. *Ibid.* 31. Deux estampes.

1080 St. Anastase assis près d'une table, d'après REMBRANDT, par P. DE BAILLU. *B. II*, 145, 2. DEUX ÉPREUVES, *la premiere avant les contre tailles.*

Morceaux gravés dans le goût de Rembrandt:

1081 Deux figures et quatre têtes d'étude, sur la même feuille in-Fol. en l. *Pièce non décrite.*

1082 Femme assise, lisant dans un livre. — Anachorète assis, tourné vers la droite. *Épreuve avec barbes.* Deux estampes in-4. en h. *Non décrites.*

1083 Paysage avec cinq chevaux. — Paysage avec un moulin à vent. Deux estampes in-8. en h. *Non décrites.*

RÉNI (GUIDO), *peintre et graveur à l'eau-forte*, 1575—1642.

1084 Sainte Famille (9). *Premier état avant le nom du Guide.*

1085 L'enfant Jésus et St. Jean Baptiste (13). *Très belle épreuve d'un morceau rare.*

1086 Jésus-Christ et la Samaritaine (52). *Pièce capitale.*

Nro.

1087 St. Roch distribuant son bien aux pauvres (53). *Cette belle pièce est la plus considérable de l'oeuvre.*

1088 La Vierge avec l'enfant Jésus (4). *Copie.* — St. Jérôme (15). *Copie.* — Jésus Christ et la Samaritaine d'après ANN. CARRACHE (52). *Copie.* — Deux autres pièces d'après le Guide. *Cinq estampes.*

REVERDINO (C.), *dessin. et graveur, v.* 1531.

1089 Clélie traversant le Tibre. (B. Vol. XV, 47, 16.) Pièce ronde. *Fort rare.*

1090 Dix enfans dansant au son d'une Cornemuse (37). *P. tr. rare.*

Morceaux non décrits:

1091 Samson lié par les Philistins. Pièce ronde. Diam. 9 p. *Tr. rare.*

1092 Judas chassé du temple. L. 11, 3. - H. 8, 8. *Belle et rare.*

1093 Camille rompant le marché fait avec les Gaulois. Pièce de forme octogone, inconnue à B. mais décrite dans le Catal. de vente du Cabinet *Robert-Dumenil*, p. 69, Nro. 478. H. et L. 8 p. 3 l. *Très belle et très rare.*

RHEIN (NICOLAS), *dess. et graveur en mezzotinto,* 1767—1819.

1094 Combat d'animaux près d'un cerf mort, d'après RUTHARDT. Très gr. pièce en l. *Épreuve avant la lettre.*

RIBERA (JOSEPH), dit: L'ESPAGNOLET, *peintre et grav. à l'eau-forte,* 1588—1656.

1095 St. Jérôme lisant (8). *Très belle épr.*

1096 St. Pierre pleurant son pêché (7). *Très belle épr.*

RICHOMME (JOSEPH-THÉODOR), *grav. né à Paris, en* 1786.

1097 Andromaque, d'après P. GUERIN, 1825. Très gr. pièce en l. *Très belle épreuve portant le timbre de l'artiste.*

ROGHMAN (ROLAND), *peintre et grav. à l'eau-f. né en* 1597.

1098 Différentes vues de Hollande (9—16). *Suite complète de huit estampes. Très belles épreuves.*

1099 Autres vues de Hollande (17—24). *Suite complète de huit estampes. Très belles épreuves.*

1100 Paysages 25 et 26. (Vues prises entre *Kempten* et *Inspruck*). *Très belles épr. du premier état.* Deux estampes.

1101 Différens paysages. Suite de 14 estampes gravées par *Roland Roghman* (dont le nom abrégé se trouve sur plusieurs) et *Gertrude sa soeur* (B. IV, 36, 1—14). *Belles épreuves.*

ROSA (SALV.), *peintre et grav. à l'eau-forte,* 1615—1675.

1102 Platon et ses disciples (3). Gr. pièce en h. *Belle épr.*

Nro.

1103 Démocrite assis (7). Idem. *Très belle épr.*

1104 Apollon et la Sybille (17). *Très belle épr.*

1105 Cérès et Phytalus (19). *Très belle épr.*

1106 *Le Génie de Salv. Rosa* (24). *Morceau rare et recherché* Gr. pièce en h. *Très belle épr.*

1107 Diverses figures (31, 32, 40, 42, 49, 54, 55, 61, 69, 75, 77, 81, 83, 86). Quatorze estampes.

ROTA (MARTIN), *dess. et grav. au burin, né à Sébénico en Dalmatie vers* 1516, *mort vers la fin du* 16*ème siècle.*

1108 Le massacre des Innocents, composition de quantité de figures (1). *Belle et rare.*

1109 Repos en Egypte, d'après LE TITIEN (2). *Très belle épreuve signée par* MARIETTE.

1110 Jésus-Christ, la Vierge, St. Jean-Baptiste, les 12 apôtres et un squelette. En tout 16 p. (16). *Superbes épreuves du premier état, c'est à dire ces* 16 *sujets gravés sur quatre planches, inconnues à Bartsch.* RARISSIMES.

1111 Les rosaires joyeux (27). *Pièce capitale et très rare.*

1112 Portrait de Jean Fichard (69). *Pièce rare et belle épr.* (du cabinet *Gabet*).

1113 Maximilien II, empereur (81). *Morceau fort rare.* (Du même cabinet).

1114 Rudolphe II, empereur (96). *Pièce très rare.* Épreuve sans les mots: *Cum gra. et pre.* etc. Inconnue à B.

Morceaux non décrits:

1115 Vue de la ville et de l'île de Rhodes. Au bas de la gauche dans un cartouche: *Rhodi Cita et Isolla. Martinus Rota f.* 1572. L. 4, 6. - H. 3 p. *Morceau très rare.*

1116 Plan de la ville de Paris. Au haut de la gauche un écusson avec 3 fleurs de Lys. Dans la marge du bas: *Parise. Martinus Rota for.* L. 4, 4. - H. 2, 11. *Pièce fort rare.*

1117 Plan de la ville de Venise avec ses dépendances. L. 4, 6. - H. 3 p. *Très rare.*

1118 Le siège de Tunis en Afrique. Au bas de la gauche la roue (monogramme) de l'artiste. L. 12, 7. - H. 8 p. *Très rare.*

ROULLET (JEAN-LOUIS), *dess. et grav. au burin*, 1645—1699.

1119 La Ste. Vierge ayant sur ses genoux l'enfant Jésus, auquel elle offre une grappe de raisins. Belle pièce dite: *la Vierge au raisin*, d'après P. MIGNARD. Gr. in-Fol. en h. *Sup. épr.*

Nro.

1120 La visitation de la Vierge, d'apr. MIGNARD. Gr. et belle estampes en h. *Ancienne et très belle épreuve.*

1121 Les trois Maries au tombeau, d'après ANNIB. CARRACHE. Gr. et belle pièce en l. ZANI *IX*, 102. *BB. R. e suo capo d'opera.* PREMIER ÉTAT, *avant l'inscription sur le sepulcre.* RARE.

1122 Les Evangelistes représentés dans des angles de plafonds, d'après LANFRANCO. Suite de 4 grandes estampes en h. *Très belles épreuves.*

RÜCKER (P.), *graveur à l'eau-forte et au burin, vers* 1790.

1123 Vue de Mayn-Fluss près Francfort. — Trois vues des Environs de Basle, de Lausanne et de Schafhausen en Suisse, d'après C. SCHNEIDER. *Suite complète de quatre estampes.* In-Fol. en l.

1124 Vues du Rhin; d'après G. SCHNEIDER. Suite de 4 estampes in-Fol. en l. *Très belles épr.*

RUGGIERI (GUIDO), *peintre et grav., v.* 1540.

1125 Jupiter foudroyant les géants. *B. Vol. XV*, 45, 16.

1126 Jeune homme porté par deux hommes. *Ibid.* 415, 1. (V. pour le monogramme *Brulliot* I, 823). *Pièce rare.*

RUHIÈRE (E.-F.), *graveur au burin*; *français.*

1127 Le Tasse arrivant à Rome pour recevoir la couronne de laurier au capitole. Très grande composition en l. gravée en 1837 d'après A. N. PERIGNON. *Très belle épr. à lettres ouvertes.*

RUYSDAEL (JACQUES), *peintre et grav. à l'eau-f.* 1635—1681.

1128 La chaumière au sommet de la colline (3).

1129 Le bouquet d'arbres près de l'écluse. — Paysage aride. Deux petites estampes en h. gravées dans le goût de Ruysdael.

1130 Deux autres paysages, gravés dans le goût de Ruysdael. Pet. in-Fol. en l.

RYCK (GUILLAUME DE), *peintre et grav. à l'eau-f. v.* 1648.

1131 Ste. Catherine en présence du juge romain et au milieu des docteurs de la loi réfute avec succés leur doctrine. Grande et belle composition en h. gravée à l'eau-forte *Rare et tr. belle.*

RYSBRAECK (PIERRE), *peintre et grav. à l'eau-f. né en* 1657.

1132 Diane au bain (1). *P. Rysbraek pinxit, fecit et excudit.* Très belle épr.

1133 La femme au voile (2). *Idem.* Idem.

1134 Les pêcheurs (3). *Idem.* Idem.

1135 Le lever du soleil (4). *Idem.* Idem.

*

Nro.

1136 L'entretien sur le bord du chemin (5). *Idem.* Idem.

1137 La femme au dos nu (6). *Idem.* Idem.

SADELER (GILLES), *dess. et grav. au burin,* 1570—1629.

1138 La vocation de St. Pierre, d'après FED. BAROCCI. Gr. in-Fol. en h. PIÈCE CAPITALE. *Très belle épr.*

1139 L'empereur Ferdinand II, représenté à cheval et entouré de figures allégoriques; en haut une gloire d'anges. Grande estampe gravée sur sa propre composition et composée de deux morceaux non jointes. *Cette pièce est une des plus remarquables et des plus belles de toutes celles, que cet artiste ait gravées. Elle est très rare et l'épreuve très belle.*

1140 St. Pierre et St. Paul apparaissant à St. Dominique. Grande et superbe composition en h. *Très belle épreuve d'une pièce capitale et* DES PLUS RARES DE L'OEUVRE.

1141 Guillaume Ancelin (*Ancelius*), maître d'hôtel d'Henri IV roi de France, et son ambassadeur à la cour de Rodolphe II en 1600. Grand et superbe portrait en h. *Très beau et tr. rare.*

1142 Lucrèce Borgia, duchesse de Ferrare, vue jusqu'aux genoux et appuyée sur un nègre. *Très belle pièce* in-Fol. en h.

1143 Christophe Harant, Baron de Polzicz. Beau portrait in-4. en h. *Très belle épr.*

1144 Gasp. Kapler a Sulewitz. In-4. en h. *Très belle épr. avec toute sa marge.*

1145 Elias Schmidgrabmer vu à mi-corps. *Très belle épr.*

1146 Ant. Sherleyns (Shirley) Anglus Eq: Aur. In-4. en h. *Bromley p.* 80. *Épreuve avec toute sa marge.* Rare.

1147 Martin de Vos, peintre d'Anvers, d'après J. HEINZ. Beau portrait in-Fol. en h.

1148 Matheus Wackerus a Wackenfels. In-Fol. en h. *Au bas la remarque manuscrite que, selon* MARIETTE, *c'est le plus rare de tous les portraits gravés par G. Sadeler et qu'on en connait à peine quelques épreuves.*

SADELER (JEAN), *dess. et grav. au burin,* 1550—1610.

1149 La Vierge et l'enfant Jésus adorés par deux Saints, d'après P. CANDIDE. In-Fol. en l. *Belle pièce et épreuve.*

1150 Les sept jours de la création. Suite de 8 estampes (titre compris). in-Fol. en l.

1151 Les Prophètes de l'ancien testament. Suite de 8 estampes in-Fol. en l. *Belles épreuves du premier état.*

Nro.
1152 L'histoire de Job. Suite de 4 est. in-Fol. en l.
1153 L'histoire des trois Mages. Suite de 6 estampes in-Fol. en l. *Très belles épreuves du premier état.*
1154 La mort entrant dans la cabane du pauvre, d'après STRADANUS. In-Fol. en l. *Belle pièce et épreuve.*
1155 La mort entrant dans le palais du riche, gravée par *Raph. Sadeler*, d'après LE MÊME et faisant pendant. Mêmes dimension et qualités.
1156 Portrait de Sigismond Feyerabend, célèbre imprimeur à Francfort, Aet. S. 59, Ao. 1587. In-4. en h. *Belle et rare.*
1157 Renée de Lorraine, duchesse de Bavière. Dans un ovale in-4 en h. *Très belle et très rare.*
1158 Otton-Henri comte de Schwarzenberg, assis près d'une table. Gr. et beau portrait en h. *Très belle épr. d'une p. capitale.*

SADELER (RAPHAËL), *dess. et grav. au burin*, 1550—1616.

1159 Susanne et les vieillards, d'après F. PORBUS. In-Fol. en l. *Fort belle et très rare estampe, inconnue à* ZANI. *Belle épreuve signée*: MARIETTE 1679. (Une petite tâche au haut de la droite.)
1160 La Vierge assise et entourée de six anges qui lui offrent des fleurs, d'après STRADANUS. In-Fol. en l. *Très belle épr.*
1161 St. Dominique, entouré de différents sujets de sa vie et de ses miracles. In-Fol. en h. *Belle et rare.*
1162 Les 23 premiers martyrs du Japon. Tr. grand in-Fol. en l. *Pièce capitale et rare. Très belle épr.*
1163 Les Tempéraments. Suite de 4 très belles estampes in-Fol. en l.
1164 Ludov. Septualius de Milan, vu à mi-corps. *Superbe portrait* in-4. en h. *Très rare.*

SAFTLEVEN (CORNEILLE), *peintre et graveur holl. v.* 1632.

1165 Différents animaux, chiens, chats, poules, chèvres et canards. Suite de 12 estampes. (*Rigal* 18—29). *Belles et de la plus grande fraîcheur.* RARES.
1166 Un chien debout dans une campagne et tourné vers la droite. *Très rare, non décrite.* L. 4, 8. - H. 2, 11. *Très belle épr.*

SAFTLEVEN (HERMAN), *peintre et grav. à l'eau-f.* 1609—1685.

1167 Son portrait vu à mi-corps, et de face. *Pièce rare et très belle épreuve.*
1168 La porte des femmes blanches à Utrecht (29). *Pièce très rare et très belle épreuve.*

Nro.

1169 Les moissoneurs. *Pièce très rare, attribuée à H. Saftleven.* (Bartsch I, p. 264. — Rigal p. 326, Nro. 42.) *Très belle épr. signée par* RECHBERGER.

SANUTI (JULES), *dessin. et graveur, v.* 1540.

1170 Bacchanale (5). *Pièce libre, d'une grande rareté et la plus recherchée de son oeuvre.* L. 20, 6. - H. 16, 3. *Très belle épreuve avant que certaines nudités aient été couvertes de travaux.* Cette épreuve provient du *Cab. Rob.-Duménil*, Nro. 504 du Catalogue.

Pièces non décrites:

1171 Jésus-Christ guérissant les malades. Gr. p. en l. (Zani, VI, 268, I.) *Très rare.*

1172 Persée delivrant Andromède. L. 19 p. - H. 14, 6. *Très rare.*

1173 L'Amour porté par trois autres Amour, d'après FR. PARMIGGIANO; in-Fol. en h. H. 11, 8. - L. 8, 3. *Très belle épreuve du premier état, avant la retouche. Rare.*

SAVRY (SALOMON), *dess. et grav. à l'eau-forte, né en* 1651.

1174 Reyn. Wybr. Wybma, assis dans un fauteuil, d'après J. DE BACKER. Superbe portrait in-Fol. en h. *Très belle épreuve signée*: MARIETTE 1673.

1175 L'Espiègle tenant un hibou sur sa main gauche, Au bas: *Wy hebben meer broeders.* In-Fol. en h. *Belle épreuve.*

1176 Diane, représentée dans le costume du tems de l'artiste, vue à mi-corps et tenant un aigle sur sa main gauche. *Grande et très belle gravure à l'eau-forte.* Rare.

SCHEITS (AND.), *peintre et graveur à l'eau-forte, v.* 1677.

1177 Paysage où l'on voit des moutons qui broutent, un berger conduisant une bergère etc. *Belle eau-forte décrite par Brulliot II*, 148. Rare.

SCHENK (PIERRE), *graveur à l'eau-f. et en mezzot.* 1645—1711.

1178 Jésus-Christ servi par des anges après sa tentation, d'après CH. LE BRUN; très grand in-Fol. en l.

1179 Le Triomphe de Galatée, d'après A. COYPEL; tr. gr. in-Fol. en l.

SCHIAMINOSSI (RAPHAËL), *peint. et grav. à l'eau-f. né v.* 1570.

1180 Jésus-Christ tenté par le démon (32).

1181 Les quinze mystères du rosaire de la Ste. Vierge (37—52). Suite complète de seize estampes, titre compris.

Nro.

Morceaux non décrits:

1182 Grand paysage avec la vue de la ville de Perusia. Au milieu du bas le Monogramme. L. 19, 6. - H. 15, 3. *Fort rare.*

1183 Autre avec la vue de la ville de Pavie. Le monogramme est au bas de la gauche. L. 21 p. - H. 15, 7. *Très belle et rare.*

SCHMIDT (GEORGE-FRÉDÉRIC), *dessinateur et graveur au burin et à l'eau-forte*, 1712—1775.

1184 Joseph Parrocel, peintre de Batailles, d'après RIGAUD, *Nro.* 15. Épreuve avant que l'adresse d'Odieuvre ait été effacée.

1185 Jean-Paul Bignon Abbé de St. Quentin, d'apr. LE MÊME, 20. *Idem.*

1186 Jean-Baptiste Rousseau, d'après SAUVAGE, 22. *Idem.*

1187 Constantin Scarlatti, prince de la Moldavie, 39. *Estampe extrêmement rare et une des plus belles de l'oeuvre.* In-Fol. en h. *Superbe épreuve.*

1188 Samuel Baron de Cocceji, Chancelier de Prusse, dans un cadre orné d'accessoires d'apr. PESNE, 67. Gr. p. en h. *Très belle épr.*

1189 Anne reine d'Angleterre. *Portrait non décrit*, H. 5, 11. - L. 4, 3. *Épreuve superbe avant l. l.* TRÈS RARE.

1190 George Detlev d'Arnim, Ministre d'état vu jusqu'aux genoux, d'après PESNE. Tr. gr. p. en h., 75. *Pièce rare. Très belle épr.*

1191 Nicolas Comte Esterhasi de Galantha, Ambassadeur etc. d'apr. L. TOCQUÉ; grande pièce en h. 78. *Rare.*

1192 Portrait d'une jeune dame, d'après REMBRANDT, 123. In-4. en h. *Très belle épreuve.*

1193 Le fameux Satyre avec la chèvre. *Très rare*, 162. *Épreuve avant t. l.* EXTÊMEMENT RARE.

1194 La grandeur d'âme d'Alexandre, 169. Très grande p. capitale en l. *Belle épreuve avec la dédicace.*

1195 Timoclée justifié par Alexandre, 170. *Pièce pareille.*

1196 La présentation de la Ste. Vierge au temple, 172. Très gr. pièce en h. *Rare et très belle épreuve.*

SCHONGAUER (MARTIN), *peint. et grav. au burin* 1445—1499.

1197 Rinceau d'ornemens. *P. très rare* (113). *Superbe épreuve, d'une parfaite conservation.*

SCHULER (CHARL. LOUIS); *grav. au burin de Strasbourg, v.* 1820.

1198 La sainte famille de Jésus-Christ; la Vierge prend l'enfant de son berceau, auprès de là se voit Ste. Elisabeth avec St. Jean, St. Joseph à gauche; un ange répand des fleurs; 1824,

Nro.

d'après le tableau de Raphaël au cabinet du Roi de France. Tr. grand in-Fol. en h. *Très belle épreuve.*

SCHUPPEN (PIERRE VAN), *dessin. et grav. au burin*, 1623—1702.

1199 St. Sébastien attaché à un arbre, devant lui deux anges dont l'un lui tire une flêche du corps, d'prè. ANT. VAN DYCK; grand in-Fol. en h. PREMIER ÉTAT, *Joannes Meysseus excudit.*

1200 James Francis Edward, Prince of Wallis etc. (dans son enfance) d'après N. DE LARGILLIÈRE; Gr. p. en h. *Très belle épr.*

1201 Portrait du Pape Alexandre VII. encadré de deux arbres; *Unus Alexandro non sufficit orbis*; d'apr. P. MIGNARD; grande pièce en h. *Idem.*

1202 Ismaël Bouillard, Astronome, d'après JAC. VAN SCHUPPEN, 1697. In-Fol. en h. *Idem.*

1203 Philippus Despont, Presbyter Parisiensis etc. assis tenant de deux mains un livre. Gr. p. en h. *Idem.*

1204 Nic. de la Vie, fils d'un Président à mortier de Bordeaux, 1664. In-Fol. en h. *Idem.*

1205 Hard. de Péréfixe de Beaumont, Archiepiscopus Paris. etc. d'apr. C. LE FEBURE. In-Fol. en h. *Idem.*

SCOTTO (GIROLAMO), *graveur au burin*, v. 1818.

1206 Ste. Vierge assise sur des nues et tenant entre ses bras l'enfant Jésus; d'après RAPHAËL, 1818. In-Fol. en h.

SHERWIN (JOHN-KEYSE), *dess. et grav. au burin*, 1746—1792.

1207 *The finding of Moses.* Belle composition de 17 figures dans un beau paysage; J. K. SHERWIN INV. ET SC. Très gr. in-Fol. en l. *Pièce capitale gravée d'un beau burin.* L'inscription du bas est coupée.

1208 Le Capitain James Cook assis, la tête tournée vers la gauche, la main droite appuyée sur la table et tenant une carte géographique de la main gauche, d'après M. DANCE; in-Fol. en h. *Très belle épreuve.*

SIEBMACHER (JEAN), *dess. et grav. au burin*, v. 1596.

1209 Les douze mois de l'année (B. IX, 596, 12—23). Manque le mois de Janvier et de mars. Dix estampes.

Morceaux non catalogués:

1210 Arbre généalogique de la Comtesse Palatine Anne-Marie de Bavière 1591. *P. très rare, décrite par* BRULLIOT *II*, 1235.

1211 Siège de la ville d'Erla en Hongrie, 1596. Au milieu du bas le monogramme. L. 11, 10. - H. 9, 9. *P. très rare.*

Nro.

1212 Vue de la ville de Bude, en Hongrie, en deux compartimens: *Buda oder Ofen* etc. Au bas de la droite le chiffre de l'artiste. L. 12, 6. - H. 9, 9. *Superbe épreuve d'une pièce très rare.*

1213 *Cylindrus Horarius convenus major* 1596. Au bas les occupations des hommes durant les 12 mois de l'Année. H. 10, 7. - L. 8, 6. *P. très rare. Très belle épreuve.*

1214 Morceau de forme circulaire avec l'indication des vents Diam. 7, 3. *Pièce pareille.*

1215 *Abriss des königlichen Process etc.* Cérémonies à l'occasion de l'abjuration de foi *d'Henri IV, roi de Navarre à St. Denis le* 25 *juillet* 1595. L. 10, 10. - H. 8, 7. *Morceau tr. rare.*

SILVIUS (BALTH.), *dessinateur et graveur, vers* 1560.

1216 Place publique où l'on voit à gauche un arracheur de dents. In-Fol. en l. *Belle pièce de cet artiste dont les gravures sont fort rares.*

SIMON (PIERRE), *peint. et grav. au pointillé, né en* 1755.

1217 Scène de Shakspeare: *As you like it, Act II, Scène 7. Seventh age*; d'après R. SMIRKE. Tr. gr. in-Fol. en l. *Tr. belle épr.*

1218 Shakspeare: *Much ado about nothing, Act IV, Scène* 1, d'après W. HAMILTON. Très grand in-Fol. en l. Idem.

SMIT (J.), *dessinateur et graveur à l'eau-forte, à Amsterdam, au commencement du dixhuitième Siècle.*

1219 Vue du marché aux fleurs et de la maison de la ville d'Amsterdam. Très grande pièce en l. *Ancienne et belle épreuve.*

1220 Vue intérieure de la ville d'Amsterdam, prise du vieux rempart etc. Très grande pièce en l. *Superbe épreuve.*

1221 Vue de la maison de ville d'Utrecht où s'assemblent les Plénipotentiaires etc. Très grande pièce en l. *Anc. et belle épr.*

SMITH (J.-J.), *peintre et graveur à l'eau-forte.*

1222 Paysages et vues de hameaux. Suite de 8 jolies estampes in-Fol. en l. *Belles.*

SMITH (JOHN), *peintre et grav. en mezzotinto*, 1654—1719.

1223 Mr. Grinlin Gibbons, sculpteur, d'après G. KNELLER; in-Fol. en h. *Très belle épreuve.*

1224 Hagar and Ismaël, d'après T. PEMBROOKE. In-Fol. en h.

1225 Les amours des Dieux. Suite de 10 est. titre compris d'apr. les fameux tableaux du TITIEN de la galerie de Blenheim, gravées en 1708—9. Savoir: 1) Jupiter, Junon et Jo. — 2) Neptune et Amphitrite. — 3) Platon et Proserpine. — 4) Cupidon et

Nro.

Psyché. — 5) Hercule et Déjanire. — 6) Vulcain et Cérès. — 7) Apollon et Daphné. — 8) Bacchus et Ariadne. — 9) Mars et Vénus. — 10) Titre gravé par Vertue avec dédicace au duc de Marlborough. *Très belles épreuves rarement à trouver réunies.*

SMITH (JOHN-RAPHAËL), *dessinateur et graveur, né v.* 1740.

1226 Lord Sheffield, figure en pied, d'après ANG. KAUFFMAN; tr. gr. in-Fol. en h. *Mezzotinto.*

1227 Lady Catherine Pelham Clinton, enfant donnant à manger aux poules, d'apr. J. REYNOLDS; tr. gr. in-Fol. en h. *Tr. belle épr.*

SOLIS (VIRGILE), *peintre, dessinateur et graveur au burin et à l'eau-forte,* 1514—1602.

1228 Différens sujets. *Suite de 4 estampes* (256—259).

1229 Neuf cheveaux dans un paysage. *Pièce non décrite.* H. 3 p. - L. 2, 10. *Très rare.*

1230 Rinceau d'ornements entremêlé de 7 oiseaux. *P. non décrite.* L. 6, 2. - H. 10 p. *Très belle et rare.*

SOMMER (PAUL VAN), *peint. et grav. à l'eau-forte, v.* 1649.

1231 St. Jean-Baptiste assis dans un paysage. *Très belle eau-forte du peintre.* L. 11, 10. - H. 8, 7. *Épr. de la plus gr. fraîcheur.*

1232 Suite de 6 paysages ornés de sujets champêtres. *Belles et rares.*

SOMPELEN (PIERRE VAN), *grav. au bur. et à l'eau-f. né en* 1600.

1233 Ericktonius découvert dans la corbeille par Aglaure et ses soeurs, d'après RUBENS; *Basan p.* 91, 11.

1234 Les pélerins d'Emaüs, d'après le même; p. 38, 115. PREMIER ÉTAT. *P. Soutman effig. et excud. c. p.*

SON (NIC. DE), *dessinateur et graveur à l'eau-forte, v.* 1620.

1235 *L'excellent Frontispice de l'église de labaye de Sainct Nicaise de Reims.* Sur le devant la place du marché remplie de quantité de figures, dans le costume du tems. *P. extrêmement rare* dédiée a *M. Apollon d'Abret.* H. 25. H. 16 p. - L. 11 p. *Très belle épreuve.*

SPIERRE (FRANÇOIS), *dessinateur et graveur à l'eau-forte et au burin* 1643—1681.

1236 La multiplication des pains et des poissons - St. Jean prêchant dans le désert, d'apr. J. F. BERNINI; gr. in-Fol. en h. Deux est.

1237 Ste. Martine devant la Sainte Vierge, d'après P. DA CORTONA; in-Fol. en h.

Nro.

SPILSBURY (JNIGO), *dessinateur et graveur, né vers* 1730.

1238 Différentes petites têtes, gravées dans le goût de Rembrandt à la pointe sèche. Quatorze estampes.

STADLER (J.-C.), *artiste anglais, graveur au lavis.*

1239 View of London Bridge, including the Church St. Magnus and the Monument, d'après J. FARINGTON. Très gr. in-Fol. en l. *Très belle pièce en couleurs.*

1240 View of Black-friars Bridge and St. Pauls Cathedral, d'après LE MÊME. Pendant. *Idem.*

STEINHAMMER (F.-G.), *peintre et grav. à l'eau-forte v.* 1612.

1241 Jésus-Christ guérissant un possédé. Riche composition et belle gravure à l'eau-forte, marquée au bas à droite: *F. G. Steinhammer inv.* 1613. In-Fol. en h. *Rare.*

STEINMÜLLER (JOSEPH), *graveur au burin, mort à Vienne en* 1841.

1242 La Ste. Vierge assise dans un beau paysage avec l'enfant Jésus et le petit St. Jean, d'après le tableau de RAPHAËL, au Belvédère de Vienne. *Dernière gravure de l'artiste.* Tr. gr. in-Fol. en h. *Pièce capitale et superbe épreuve.*

STELLA (CLAUDINE-BOUZONNET), *peintre et graveur au burin et à l'eau-forte,* 1636—1697.

1243 Moïse frappant le rocher. Très grande et belle composition en l. d'apr. NIC. POUSSIN. *P. capitale et estimée.* TRÈS BELLE ÉPR.

1244 La passion de N. S. Jésus-Christ, composée de 13 p. gr. in-Fol. en h. savoir: 1) Entrée de J.-Chr. à Jérusalem. — La Cène. — 3) Le lavement des pieds. — 4) J.-Chr. au mont des olives. — 5) La prise de J.-Chr. — 6) J.-Chr. devant le grand-prêtre. — 7) Le réniement de St. Pierre. — 8) Le grand prêtre déchire ses habits. — 9) J.-Chr. outragé dans le prétoire. — J.-Chr. trainé chez Pilate. — 11) J.-Chr. devant Herode. — J.-Chr. devant Pilate. — 13) J.-Chr. condamné à mort. Très riches et belles compositions gravées avec une rare intelligence. Dans la marge du bas de chaque p. à gauche: *N. Poussin in. et pinxit. Claudia Stella sculp.* Cependant ces sujets sont gravés d'après des tableaux de J. STELLA. (V. Catal. Pallière p. 57, Nro. 77.) Suite complète et très rare, qui manque souvent même dans les collections les mieux composées. *Les Épreuves sont très belles et très bien conservées*

1245 La Ste. Famille représentée dans un beau paysage; à gauche qua-

*

Nro.

tre enfants offrant des fleurs, d'après N. POUSSIN. Grande et superbe composition en l. *Très belle épreuve du premier état.* Rare.

STELLA (JACQUES), *peint. et grav. à l'eau-forte*, 1596—1657.

1246 Les offrandes faites à Florence le jour de la fête de S. Jean-Baptiste. *Très belle et rare eau-forte du peintre.* L. 23 p. - H. 16 p. 6 l. *Épreuve de la plus grande fraîcheur, mais avec quelques légers endomagemens.*

STOOP (DIERK OU THIERRY), *peint. et grav. à l'eau-f.* 1610—1686.

1247 Cheval qui pisse, attaché à un tronc d'arbre (5). *Tr. belle épr.*

1248 Villageois tenant un cheval par la bride, près de lui deux chiens (6). *Idem.*

1249 Cavalier faisant pisser son cheval, à gauche un cabaret et un autre cavalier (10).

1250 La reine Catherine s'embarquant à Lisbonne pour passer en Angleterre (15). *Morceau excessivement rare, qui a manqué à la collection Rigal.*

STORER (CHRISTOPHE), *peint. et grav. à l'eau-f.* 1612—1671.

1251 Bacchus ivre assis sur un léopard, accompagné de Faunes et de Bacchantes. *Tr. belle grav. à l'eau-forte* in-Fol. en l.

STRADA (VESP.), *peint. et grav. à l'eau-forte*, 1575—1624.

1252 S.-Jérôme assis dans une grotte (18). *Très belle épreuve.*

1253 Le Christ mort soutenu par deux anges (4). *Rare.*

1254 Jeux et Fêtes célébrées à Florence. Suite de 12 belles estamp. *non décrites*; à la première, au bas de la gauche, le monogramme de l'artiste. L. 10, 6. - H. 7, 9. *Morceaux très rares.*

STRANGE (ROBERT), *dess. et graveur au burin*, 1725—1792.

1255 L'ange annonciateur, à mi-corps, d'après LE. GUIDE. Petit in-Fol. en h. *Très belle épreuve.*

1256 La Vierge recevant le message, d'après LE MÊME. Petit in-Fol. en h. *Très belle épreuve.*

1257 Jésus apparaîssant à sa mère après sa résurrection, d'après LE GUERCHIN. Très grand in-Fol. en h. *Superbe épreuve.*

1258 Jules César répudiant Pompeïa, d'après PIETRO DA CORTONA. Très grand in-Fol. en h. *Très belle épreuve.*

1259 Romulus et Rémus trouvés sur le bord du Tibre, d'après LE MÊME. Très grand in-Fol. en h. *Pendant de la p. précédente.*

1260 Le roi Laomédon de Troye refuse le tribut à Neptune et à

Nro.

Apollon, d'après SALV. ROSA. Gr. in-Fol. en h. *Très belle épr.*

STRAUCH (LAURENT), *peintre et graveur*, 1554—1599.

1261 La place du marché de la ville de Nuremberg. *B. Vol. IX*, 599, 1. Grande est. de 3 morceaux joints en l. P. très rare. *Seconde mais très belle épreuve avec l'adresse de P. Furst.*

1262 Vue de la ville Nuremberg. Grand morceau de 3 p. en l. *Laurent. Strauch Norin. pinxit et Excu. Hans Wechter fecit* 1599. L. 32, 10. - H. 11 p. — *Très belle et rare gravure à l'eau-forte. Épreuve de la plus grande fraîcheur.*

SUBLEYRAS (PIERRE), *peint. et grav. à l'eau-f.* 1699—1749.

1263 La Madeleine aux pieds de Jésus-Christ. *Rob.-Dum.* 3. Gr. pièce en l. *Très belle et pièce capitale de l'artiste.*

1264 St. Bruno réssuscitant un enfant, 4. Au bas une marge de 9 l. avec l'inscription: *S. Benedicti — morcini. Petrus Subleyras pinxit* 1747. Remarque inconnue à ROB.-DUMENIL. *Très belle épreuve d'une pièce extrêmement rare.*

SURRUGUE (PIERRE-LOUIS), *graveur au burin*, 1717—1771.

1265 La nativité du Sauveur. Grande pièce en h. connue sous le nom de la NUIT DU CORRÈGE. *Très belle épreuve.*

1266 Jésus-Christ guérissant les lépreux, d'après J. GENGA.

SUYDERHOEF (JONAS), *dessinateur et graveur au burin et à l'eau-forte, né en* 1613.

1267 Constantinus L'empereur ab Oppyck, St. Theologia D. Professor etc. d'après BAUDRIGEEN. Dans un ovale. In-Fol. en h. *Très belle épreuve.*

1268 David Nuyts. Grand portrait en h. *Un des plus beaux et des plus rares du maître. Très belle épreuve.*

1269 Adr. Heereboord, professeur, à mi-corps dans un ovale, gr. in-Fol. en h. *Pièce rare et belle épreuve avant l'adresse.*

1270 Jean Coccejus, professeur à Leyde, d'après J. DE VOS. Grand portrait en h. *Estampe rare. Belle épreuve.*

1271 Rodolphe Egger, Pasteur à Leyde, d'après LE MÊME. Grand Portrait en h. *Très belle épreuve.*

1272 Le bal au cabaret, p. dite LE BAL, composition de treize figures; sur le devant à droite un chien, d'après A. OSTADE; tr. gr. in-Fol. en h. *Pièce capitale*; PREMIER ÉTAT: *Justus Dankerts excudit.*

1273 Bacchus ou Silène ivre, soutenu par un Satyre et un Maure, qui tient une coupe à la main; figures à mi-corps, d'après

Nro.

RUBENS; *Basan* 102, 58. Gr. pièce en h. *Premier état avant l'adresse de P. Soutman.* TRÈS BELLE ÉPREUVE.

SUAVIUS (LAMBERT), *peintre et graveur*, 1510—1567.

1274 Jésus-Christ et les Apôtres. Pièces capitales. Suite complète de treize estampes pet. in-Fol. en h. *Très belles épr. du cabinet* FRIES. *Très rares.*

SWANEVELT (HERMAN), *peintre et grav. à l'eau-f.* 1618—1690.

1275 Diverses vues de Rome. Suite de 13 pièces titre compris (36 — 48). Suite complète. *Premier état avant l'adresse de Bonnart. Rares.*

1276 Auberge et vue. Deux paysages en l. (58 et 65.) *Anc. épr.*

1277 Le jeune Tobie (68). — Elie (69). Deux estampes.

1278 Vue de Gondy (74). *Pièce extrêmement rare.* PREMIER ÉTAT. avant les mots: *Israel siluestre fecit.* (*Rigal p.* 352). *Tr. belle,*

1279 La vue de Rome (76). *Pièce extrêmement rare.* Tr. belle épr.

1280 Vue de la maison de Saint Cloud, apartenant à M. le Duc d'Orléans. *Le fond à gauche est due à la pointe de* SWANEFELT. *Pièce non décrite. L.* 7, 7. - H. 4, 6. *Très rare.*

1281 L'hôpital (87). *Belle épr.*

1282 Les voyageurs (88).

1283 La porte de ville (92). *Belle épr.*

1284 Mercure imposant silence à Battus (95). — Battus transformé en pierre (96). Deux estampes.

1285 Deux paysages attribués à H. Swaneveldt, décrits p. 320, 1 et 2. *Très belles épr.*

TAERLINGH (J. VAN), *artiste hollandais sur lequel on n'a pas de données.*

1286 Homme taillant une plume à la lueur d'une chandelle; il est vu à mi-corps, tourné vers la droite; à côté sur la table un grand sac d'argent. On lit au bas: *N. Verkolje in. J. v. Taerlingh fec. Mezzotinto d'une très bonne exécution.* RARE.

TARDIEU (PIERRE-FRANÇOIS), *graveur au burin*, 1720—1772.

1287 Persée et Andromède, d'après P. P. RUBENS. Grande pièce en l. *Basan* 96, 32. *Très belle épr.*

TEMPESTA (ANT.), *peintre et grav. à l'eau-f.* 1555—1630.

1288 La cavalcade du grand-seigneur. Grande frise de 5 pièces non assemblées (858). *Premier état, avant l'adresse de* CIARTRES. *Très beau et de la plus grande fraîcheur.*

1289 La cave avec les buveurs (1378). A cette pièce est joint un ta-

Nro.

rif de vins: *Indice di tutti li Vini che si trovano in Roma.* Même dimension. *Pièce non décrite et très rare.* Deux p.

TENTENIER (PIERRE), *artiste sur lequel on n'a pas de données.*

1290 Son propre portrait gravé à l'eau-forte d'une pointe fort pittoresque et spirituelle. Au bas est écrit: *Pieter Tentenier Schilder.* H. 8, 4. - L. 6 p. *Épreuve superbe et de la plus grande fraîcheur.* EXTRÊMEMENT RARE.

TESTA (PIERRE), *peintre et grav. à l'eau-forte,* 1617—1650.

1291 Abraham prêt à sacrifier son fils (2). — St. Jérôme en pénitence dans le désert (15). Deux estampes.

1292 La paix peint le portrait du pape Innocent X (31). — Le triomphe de la peinture sur le Parnasse (35). Deux est.

THOMAS (N.), *graveur moderne.*

1293 L'atelier de Craesbacke, d'aprés le tableau de ce maître. Gr. in-Fol. en l. *Très belle épreuve.*

TILL ou THILL (JEAN-CH. V.), *peintre et gr. à l'eau-f.* 1624—1676.

1294 Une dame et un jeune seigneur accompagnés d'un chien se promenant dans une campagne. Jolie petite pièce décrite par *Brulliot I,* 1341. *Très belle épr.* Rare.

1295 St. Jérôme assis dans le désert. *Pièce rare,* décrite par *Brulliot I,* 218 (2).

TIEPOLO (JEAN BAPTISTE), *peintre et gr. à l'eau-f.* 1697—1770.

1296 Suite de caprices en 10 pièces. Pet. in-Fol. en l. *Manque le titre.*

TITIEN VECELLIO dit LE TITIEN, *peintre et grav. à l'eau-forte,* 1477—1576.

1297 Le paysage au dragon (B. XVI, 99, 5). *Pièce très rare.*

1298 Vieille paysanne montée sur une jument, précédée de son poulain et ayant en croupe un petit garçon, tient de sa main gauche deux oies et se dirige vers la gauche où l'on voit une fôret. Au bas de ce côté le millésime 1566. *Pièce extrêmement rare,* NON DÉCRITE, *gravée d'une main ferme et d'une pointe énergique et pleine d'esprit.* L. 6, 9. - H. 5, 3. *Très belle épreuve.*

1299 La submersion de Pharaon dans la mer rouge. *Très grande et superbe gravure en bois,* 1549. Zani III, p. 159. *Extrêmement rare.* Au haut de la droite un morceau remplacé par un dessin à la plume.

Nro.

TISCHBEIN (JEAN-HENRI), *peintre et gr. à l'eau-f.* 1722—1789.

1300 Chasse au cerf, d'après CH. RUTHARDT. In-Fol. en l. *Belle gravure à l'eau-forte.*

TURNER (CHARLES), *graveur en mezzotinto et au lavis.*

1301 Mr. Kean in Richard the Third, Act IV. Sc. 4. Well, as you guess? d'après J.-J. HALLS. Tr. grand in-Fol. en h. *Superbe pièce imprimée en couleurs.*

TZETTER (SAMUEL), *graveur au burin de Vienne.*

1302 Triumphus Veneris, riche composition, d'après M. MAULPERTSCH. Gr. in-Fol. en l. *Épreuve avant la lettre.* — Sujet de l'histoire romaine. Grand in-Fol. en l. *Épreuve avant la lettre.* Deux estampes.

UDEN (LUCAS VAN), *peintre et grav. à l'eau-f.* 1595—1662.

1303 Paysage (13). *Lucas van Uden invenit. Franciscus van den Wyngaerde excudit. Épreuve avec le Nro. I.*

1304 Paysage (14). *Épreuve avec le Nro. II.*

1305 Paysage (15). *Épr. avec le Nro. III.*

1306 Paysage (16). *Épr. avec le Nro. IV.*

1307 Paysage (17). *Épr. avec le Nro. V.*

1308 Paysage (18). *Épr. avec le Nro. VI.*

1309 Paysage (19). *Épr. avec le Nro. VII.*

1310 Paysage (20). *Épr. avec le Nro. VIII.*

1311 Pays d'une vaste étendue avec quelques petites maisons entourées d'arbres (29). *Franc. de Wyngaerde excudit. Ce morceau est un de plus beaux de l'oeuvre. Tr. belle épr.*

1312 Vue d'un pays d'une vaste étendue et couvert des plantations abondantes (45). *Ce morceau est un des mieux gravés de Lucas van Uden et très rare. Très belle épr.*

1313 Paysage où un paysan abreuve deux chevaux dans une rivière. *Pièce rare* (57). *Pet. Paul Rubenius pinxit. Lucas van Uden fecit. Franciscus van der Wyngaerde excudit. Très belle épr. du cabinet Ploos van Amstel.*

1314 Paysage avec un village situé sur le bord d'un ruisseau. Pièce rare (59). *Mêmes inscriptions. Très belle épr.*

UYTENBROECK (MOÏSE), *peintre et grav. à l'eau-f.* 1600—1650.

1315 Mercure endormant Argus (25). *Très belle épreuve.*

1316 Femme au bain (38). *Idem.*

1317 Le paysage à l'âne chargé (52). *Idem.*

1318 Vue d'un pays couvert de rochers où sont quelques fabriques;

Nro.

à la droite un homme un grande bâton sur l'épaule, marche près d'une femme, un autre homme les suit, tout au bas de la composition à gauche: *Uytenbroeck fec.* à droite les lettres *J. C. V. exc. Morceau très rare, non décrit par B. mais par Rigal p.* 388, 61. *Superbe épreuve.*

VAILLANT (WALLERANT), *peintre et grav. en mezzot.* 1623—1677.

1319 Susanne au bain surprise par les vieillards, d'après LE DOMINIQUIN. Gr. in-Fol. en l. *Pièce estimée et rare. Très belle épr.*

1320 L'ange apparaît aux bergers, d'après REMBRANDT. Tr. gr. in-Fol. en h. *Pièce d'une bonne exécution. Très belle épreuve.*

1321 Homme assis jouant du luth, derrière lui un autre tenant un verre de la main gauche. In-Fol. en h. *Rare.*

VALCK (GÉRARD), *grav. au burin et en mezzot. né v.* 1626.

1322 Gulielmus III D. G. Angliae, Scotiae, Franciae et Hiberniae Rex, Fidei Defensor etc. *G. Kneller ad vivum pinxit. G. Valck excudit.* — Maria D. G. Angliae, Scotiae, Franciae et Hiberniae Rex. *G. Kneller ad vivum pinxit. G. Valck excudit.* Grands portraits en h. dans une bordure ovale de feuilles de laurier, au bas les vertus cardinales. *Tr. belle épr.*

1323 Johannes Baron de Churchill, Dux et Comes de Marlborough etc. debout vu jusqu'aux genoux; *à Paris chez Vercolié.* Grand portrait en h. *Très belle épreuve.*

VALDOR (JEAN), *dessin. et graveur v.* 1590.

1324 Le Sauveur bénissant le globe. — La Vierge en prières. *Pièces capitales de l'artiste*, gravées sur ses propres dessins et formant pendants. Deux estampes. *Très belles épreuves.*

1325 Les trois croix (Jésus Christ crucifié). *Zani VIII*, 24. *Chef-d'oeuvre de l'artiste.* Très belle et rare.

1326 Repos en Egypte; composition groupée dans un beau paysage. In-Fol. en l. *Pièce très rare.*

VALENTIN (MOÏSE), *peint. et grav. à l'eau-f.* 1600—1632.

1327 La diseuse de bonne aventure, groupe de quatre figures à mi-corps. Pet. in-Fol. en l. EAU-FORTE DU PEINTRE. *Tr. rare.*

VANGELISTI (VINCENT), *graveur au burin*, 1738—1798.

1328 Monument à la gloire de Louis XVI, d'après MONSIEAU. Très grand in-Fol. en l.

VELDE (ADRIEN VAN DE), *peintre et grav. à l'eau-f.* 1639—1672.

1329 La vache couchée (2). *Ancienne épreuve.*

1330 Les chèvres (10).

Nro.

1331 La vache et les deux moutons au pied d'un arbre (11). *Ce morceau, un des principaux de l'oeuvre, est un véritable chef-d'oeuvre. La vérité des caractères, la beauté des formes, la correction du dessin, le mouvement des muscles, le goût de la pointe, le clair-obscur, tout y est d'une perfection inimitable.* Pièce très rare. *Épreuve de la plus grande beauté, fraîcheur et conservation.*

1332 Le boeuf pie et les trois moutons (12). *Ce morceau très rare est de la même beauté que le précédent.*

1333 Les deux vaches au pied d'un arbre (13). *Ce morceau exécuté dans le même goût que les deux précédents réunit les mêmes qualités.* Très rare.

1334 La brébis (14). *Ce morceau fort rare est gravé avec le même esprit que les trois pièces précédentes et les surpasse encore par la délicatesse de la pointe.* Très rare.

1335 Les deux moutons (15). *Cette belle pièce est également très rare.*

1336 Les copies de ces 5 morceaux, gravées sur 4 planches et précedées d'un frontispice.

1337 Le berger et la bergère avec leur troupeau (17). *Pièce capitale et rare.*

VELDE (JEAN VAN DE), *peintre et grav. à l'eau-forte et au burin*, 1598—1640.

1338 Les chanteurs ou l'étoile des rois. *Sujet piquant d'effet.* Pet. in-Fol. en h. *Belle et rare.*

1339 Portrait du peintre Jean Torrentius. Pet. in-Fol. en h. *Premier état*, avant les noms des artistes et l'adr. *Belle et rare.*

1340 Les quatre saisons. Suite de 4 estampes in-Fol. en l. *Très belles épreuves.*

1341 Les quatre elémens représentés par des paysages animés de figures. Suite de 4 est. in-Fol. en l. d'après W. BUYTENWEGH. *Belles et de la plus grande fraîcheur.*

VERMEYEN (JEAN-CORN.), *peintre et grav. à l'eau-forte*, 1500—1550. (*Brulliot* I, 1313.)

1342 Le souper oriental. Grande et belle composition de 18 figures. L. 19, 9. - H. 12, 3. *Pièce capitale et très rare.*

VERONÈSE (PAUL CAGLIARI dit), *peintre*, 1528—1588.

1343 Le grand banquet ou les nôces de Cana, d'après PAOLO VÉRONÈSE; une des plus riches compositions du maître. Dans la

Nro.

marge une dédicace à L. Ferro Patritio Veneto, une inscription de trois lignes et à gauche : *Paolo Veronese fecit.* Très grand in-Fol. en l. en deux planches. *Gravé à l'eau-forte d'une pointe très spirituelle. Rare.*

VICO (ÉNÉE), *dessin. et grav. au burin,* 1520—1570.

1344 La Ste. Vierge écoutant avec étonnement l'ange Gabriel, qui lui annonce le mystère de l'incarnation, d'après LE TITIEN (23).

1345 Vulcain travaillant dans sa forge où Venus dort couchée sur son lit, d'après LE PARMESAN (27). *Ant. Sal. exc.*

1346 L'académie de Baccio Bandinelli. *Baccius Bandinellus invent.* (49). SECOND ÉTAT. *Collée.*

VIGNON (CLAUDE), *peintre et graveur à l'eau-f.* 1590—1670.

1347 L'adoration des Rois, belle composition. *C. Vignon in. f. Romae* 1619. In-Fol. en h. PREMIER ÉTAT.

VILLAMENA (FRANÇOIS), *dess. et grav. au burin, mort en* 1626.

1348 Paysan tenant une pierre de chaque main et se battant contre plusieurs hommes. *Pièce capitale appellée : Les Gourmeurs.* Tr. gr. in-Fol. en l.

1349 Sylène enivré par un Faune et un Satyre, d'après ANN. CARRACHE. Belle pièce de forme carrée. *Très rare.*

VISSCHER (CORNEILLE), *dessinat. et grav. au burin, et à l'eau-forte,* 1610—1670.

1350 Résurrection de Jésus Christ, d'après P. VERONÈSE. Tr. grand in-Fol. en h. Basan Nro. 5. *Très belle épr.*

1351 Attaque d'un convoi de guerre, d'après P. DE LAER, 18. Gr. in-Fol. en l. *Épreuve parfaite avant les noms des artistes, bien difficile à trouver ainsi.*

1352 Femme vue en buste, la main sur la poitrine, d'après LE PARMESAN, 28. In-Fol. en h. *C'est une de plus belles estampes qu'il y ait dans la gravure, tant pour la beauté du burin, que pour le moëlleux qui y domine. Anc. et tr. belle épr.*

1353 Un Maréchal qui ferre un cheval, d'après P. DE LAER, 34. In-Fol. en l.

1354 Un chat accroupi, derrière lequel est un rat, 35. In-4. en l. *Belle épreuve.*

1355 François-Guill. de Wartenberg, évêque d'Osnabrück. Portrait in-4. en h. *inconnu à* BASAN, *mais décrit par* HUBER ET ROST V, 380, 33. *Très rare.*

Nro.

VISSCHER (JEAN DE), *peint. et grav. à l'eau-forte et au burin, né à Amsterdam en 1636.*

1356 Villageois à cheval faisant l'aumone à un enfant, d'après NIC. BERGHEM. In-Fol. en l. *Catalogue de Winter, Nro.* 64. *Très belle épreuve avec la première adresse de Nic. Visscher.*

1357 Bergère à genoux occupée à traire une chèvre, d'après LE MÊME. In-Fol. en l. 65. *Tr. belle épr. avant l'adr. de Schenck.*

1358 Pâtre gardant des animaux près d'une rivière, où une vache vient de boire, d'après LE MÊME, 66. *Très belle épr.*

1359 Berger assis près d'une haie et jouant de la cornemuse, d'après LE MÊME. 67. *Très belle épr.*

1360 Jeune nègre tenant arc et flèche, d'après C. VISSCHER. Gr. pièce en h. *Belle épreuve.*

VISSCHER (CLAUS OU JEAN-NIC.), *dess. et grav. à l'eau-f. né v.* 1580.

1361 Vues de Hollande près d'un canal, d'après J. V. GOYEN; pet. in-Fol. en l. *Très belles épr.* Deux estampes formant pendants.

1362 Slatius, prédicateur, en fers debout dans un paysage 1623. Pet. in-Fol. en h. *Rare.*

1363 *Amoeniores aliquot Regiunculae.* Suite de 13 beaux paysages in-4. en l. d'après C.-N. DE WIERINGEN. *Très belles épr.*

1364 Vues de différens villages hollandais: *Offel, Gennep, Middelaer, Griethuysen etc.* Suite de 6 estampes in-Fol. en l. *Belles épreuves.*

1365 Vues de différens châteaux en Hollande: *Muyden, Medemleck, Hal, Tolhius etc.* Suite de 6 est. in-Fol. en l. *Tr. belles épr.*

1366 Représentation de dix Sujets de l'histoire de Tarquin et Lucrèce sur la même feuille. Tr. grand in-Fol. en l. *Superbe épreuve d'une pièce rare.*

VIVARÈS (FRANÇOIS), *dess. et gr. à l'eau-f. et au burin,* 1709—1782.

1367 Paysage où se voit sur le devant un troupeau de moutons et de chèvres, conduit par un berger suivi de son chien, d'après GASP. POUSSIN. Gr. in-Fol. en l. *Très belle épr.*

1368 View of Tivoli, d'après LE MÊME. Idem. *Idem.*

1369 Le moulin de Claude, d'après un des plus célèbres tableaux de CLAUDE LORRAIN. Tr. grand in-Fol. en l. *Tr. belle épr.*

1370 Vénus servie par les Grâces. Beau paysage d'après PATEL, les figures gravées par *Bartolozzi.* Tr. gr. pièce en l. *Tr. belle épr.*

1371 Différents sujets gravés à l'eau-forte sur les compositions de REMBRANDT. Suite de 6 pet. est. en h. *Tr. belles et tr. fraiches.*

Nro.

VLIEGER (SIMON DE), *peintre et grav. à l'eau-f. né en 1612.*

1372 Le lévrier et le chien courant (11).

1373 Le porceaux gras (16). *Très belle epr.*

VLIET (J.-G. VAN), *peintre et gr. à l'eau-f. né v.* 1612.

1374 Loth et ses filles, d'après REMBRANDT (1). *Pièce rare. Anc. et belle épr.*

1375 Susanne et les deux vieillards, d'après LIVENS (3). *Morceau rare.* Collée.

1376 Gogaille de paysans (17). *Pièce rare et très belle épreuve,* provenant du cabinet *James Barnard.*

1377 Buste de vieillard, d'après REMBRANDT (23).

1378 Buste d'un oriental, d'après LE MÊME (24). *Très belle épr.*

1379 Le Goût; paysans buvant et mangeant (27). *Très belle épr.*

1380 L'ouïe; trois hommes faisant de la musique (28). *Tr. belle épr.*

1381 L'odorat; femme repoussant de sa main la fumée de tabac (29). *Très belle épr.*

1382 La vue; vieillard lisant dans un livre (31). *Très belle épr.*

1383 La famille (56). *Très belle épr.*

1384 Gueux ou mendiants (73, 79, 81). Trois estampes. *Très belles épreuves.*

WAIMANN (. .), *graveur moderne.*

1385 Représentation de la grande Salle des Redoutes et des Bals masqués. Tr. gr. in-Fol. en l. *Rare.*

WARREN (A. WILLIAM), *graveur moderne; anglais.*

1386 The Beggars petition; Pity the sorrows of a poor old Man, d'après W.-F. WITHERINGTON. In-Fol. en h. *Très belle épreuve à lettres ouvertes.*

WATELET (CL.-HENRI), *peintre et grav. à l'eau-f.* 1718—1786.

1387 Différents sujets. 6 estampes in-4.

WATERLOO (ANTOINE), *peintre et grav. à l'eau-f.* 1618—1660.

1388 Suite de 4 paysages, de forme carrée (3—6).

1389 Suite de 12 paysages in-8. en l. (7—18). le Nro. 17 Copie.

1390 Suite de 6 paysages de formé carrée (33—38). le Nro. 38 Copie.

1391 Suite de 6 paysages in-4. (65—70).

1392 Suite de 6 paysages de forme oblongue (89—94).

1393 Suite de 6 grands paysages in-Fol. en l. (107—112).

1394 Suite de 6 grands paysages in-Fol. en h. (113—118).

1395 Suite de 6 grands paysages in-Fol. en h. Le moulin etc. (119—124).

Nro.

1396 Suite de 6 grands paysages ornés de sujets mythologiques (125 — 130).

WATT (JAMES-HENRI), *artiste moderne, anglais.*

1397 The Procession of the Flitch of Bacon, avec dédicace à Samuel Rogers, Authors of „the Pleasures of Menary“ d'après TH. STOTHARD. *Publ. Jan.* 17, 1833. Tr. gr. in-Fol. en l. *Très belle épr.*

WEISS (DAVID), *graveur au pointillé, né en* 1775.

1398 La Vierge assise, tenant l'enfant Jésus, qui est debout sur le piédestal d'une colonne; d'après CAMBIASI. In-4. en h. *Avant la lettre.*

WENCESLAS D'OLMÜTZ, *orfèvre, dess. et grav. en* 1481.

1399 Le martyre de St.-Sébastien (30). *Très belle épr.*

1400 Le groupe de quatre femmes (51).

WIERIX (ANTOINE), *dess. et grav. au burin, né v.* 1552.

1401 L'adoration des Rois. *Ecce in hoc parvo etc.* Riche composition in-Fol. en l. *Anton Wierx figurav. sculp. et excud.* Rare.

1402 St.-Jean Bapt. debout dans une fôret, accompagné de son agneau. *Très belle pièce* in-Fol. en h. *Superbe épr.*

1403 Deux anges tenant le St. Sacrement, entouré de six autres sujets. *Grande et belle pièce capitale en l. Très rare.*

1404 Les prophéties de Jérémie. Suite de 4 estampes in-Fol. en l. *Belles épreuves du premier état.*

1405 Philippe Prince d'Orange-Nassau, en manteau et grande fraise. Petit portrait en h. *Belle et rare.*

1406 Philippus III, Austriacus, Hispaniarum Princeps etc. In-Fol. en h. *Belle épr. d'un portrait extrêmement rare.*

WIERIX (JEAN), *dess. et graveur, né v.* 1550.

1407 La Vierge assise sur les nues avec l'enfant Jésus. Au bas un beau et riant paysage. In-Fol. en h. *Très belle épr.*

1408 La tentation de St. Antoine. In-Fol. en h, *Belle et rare.*

1409 L'histoire d'Absolon. Suite de 4 estampes in-Fol. en l. *Belles épreuves du premier état.*

1410 Tarquin forçant Lucrèce. *Belle pièce* in-Fol. en l. *Rare.*

WIERIX (JÉRÔME), *dess. et graveur au burin, né v.* 1551.

1411 Ste.-Catherine à genoux et St. Joseph assis aux pieds de la Vierge, qui tient l'enfant Jésus sur ses genoux, d'après DION. CALVART. In-Fol. en h. *Très belle pièce et belle épr.*

Nro.

1412 La Cène; In-Fol. en l. *Pièce très rare, inconnue aux Biographes et, quant à la pareté de l'outil, une des plus belles du graveur.* SUPERBE ÉPREUVE.

1413 St.-François recevant les Stigmates. In-Fol. en l. *Épreuve superbe et de la plus grande fraîcheur.* Très rare.

1414 L'histoire d'Élie. Suite de 4 estampes in-Fol. en l. avec arabesques d'ornement.

1415 L'histoire de Jonas. Suite de 4 estampes in-Fol. en l. *Très belles épreuves du premier état.*

1416 La parabole du Figuier. Suite de 6 *très belles estampes* in-Fol. en l. *Premier état.*

1417 La parabole des Conviés aux nôces. Suite de 3 *très belles estampes* in-Fol. en l. *Premier état.*

1418 Les trois Loix. Suite de 3 estampes in-Fol. en l. *Prem. état.*

1419 Portrait de Jean Goropius vu jusqu'aux genoux, la main g. posée sur une tête de mort, 1580. *P. très rare.* In-F. en h.

1420 Grand cheval galoppant vers la gauche dans un beau paysage orné de fabriques. L. 15, 4 - H. 11, 5. *P. capitale et très rare.*

WILLE (JEAN-GEORGES), *dessinat. et grav. au burin*, 1717—1808.

1421 Louis XV Roi de France en buste: *Ludovicus Victor et Pacator*, dans un ovale orné d'armes, d'après J.-BAPT. LE MOYNE ET HEILMANN; grand in-Fol en h. *Très belle épreuve.*

1422 François Louis Anne de Neufville, Duc de Villeroy, etc d'après JEAN CHEVALIER; 1744, ovale in-Fol. *Premier état avant les lettres*: Q. OFF. (*Quesnay offerebat*). *Très rare. Tr. belle épr.*

1423 Abel François Poisson Marquis de Marigny, Conseiller etc. figure plus qu'à mi-corps, d'après L. TOCQUÉ; très grand in-Fol. en h. *Morceau de reception, et capitale. Très belle épr.*

1424 Hieronimus van Erlach, Schultheiss der Stadt und Republik Bern etc. figure presque entière, d'après RUSCA; grand in-Fol. en h. *Très belle épreuve avant l'inscription française. Très rare.*

1425 Joseph Parrocel, peintre de batailles, d'après H. RIGAUD; gr. in-Fol. en h. *Très belle épreuve.*

1426 Le concert de famille, d'après SCHALKEN. Grand in-Fol. en h. *Pièce capitale. Très belle épreuve.*

1427 Sappeur des Gardes suisses; *dessiné et gravé par Wille*; in-Fol. en h. *Très belle épreuve.*

Nro.

1428 Les soins maternels; figures à mi-corps, d'après P.-A. WILLE; ovale grand in-Fol.

1429 Les délices maternelles, pendant, d'après LE MÊME, ovale grand in-Fol.

1430 Recueil de paysages et d'autres figures, dessinés et gravés par J. G. Wille, An 1801. Suite compl., de 37 est. titre compris.

Portraits gravés par Wille sous le nom de Daullé:

1431 Claude de Saint Simon, Évêque de Metz, d'après RIGAUD. Très grand et superbe portrait en haut. marqué au verso de la main de RECHBERGER: *P. gravé par J. G. Wille sous le nom de Daullé.* Très belle épreuve.

1432 Charles-Edouard fils ainé de Jacques Stuard, né à Rome le 31 Dec. 1720. In-Fol. en h. *Belle p. gravée par Wille, comme il l'a assuré lui même.* (Catalogue Einsiedl, II, 1502.) *Très belle épreuve.* Rare.

1433 L.-J. de Chapt de Rastaignac, archevêque de Tours. *Ce portrait est entièrement de la main de Wille.* In-Fol. en h. *Très belle épreuve et très rare.*

1434 Fr. D. Emmanuel Pinto, Grand maître de l'ordre de St. Jean, 1741. Fort beau portrait in-Fol. en h. *Très belle épr.* Rare.

Morceaux portant le nom CHEVILLET, *mais gravés en partie par* WILLE, *son beau-frère:*

1435 Frédéric I, Electeur Palatin, d'après V. SCHLICHTEN. Petit in-Fol. en h. *Belle et rare.*

1436 Portrait d'un Ecclesiastique, vu à mi-corps et tourné vers la droite. In-Fol. en h. *Superbe épreuve du premier état, avant l. l. et marquée au bas de la droite: „Gravé à Paris par Chevillet* 1762.“ TRÈS RARE.

1437 Portrait d'un Magistrat vu à mi-corps, tourné vers la droite. In-Fol. en h. *Mêmes état et qualités comme la p. précedente.* TRÈS RARE.

1438 Tableau du Pair des monnoyes et des changes etc. *A Paris chez Lattré: „La gravure dirigée par* WILLE *graveur du Roy.*“ Très grande pièce en l. *Très rare.*

WINDTER (J. W.), *graveur au burin, vers* 1760.

1439 Georgius Adolphus Kress à Kressenstein in Kraftshoff, Reipubl. Norimbergensis Senator etc. assis, vu jusqu'aux genoux, la main gauche posée sur un casque, d'après P. DECKER; gr. in-Fol. en h. *Très belle épreuve.*

Nro.

1440 Fridericus Ernestus Finckler, Reip. Nor. Consiliarius Primarius etc. d'après J.-L. HIRSCHMANN; grand in-Fol. en h. *Idem.*

1441 Georg. Christoph. Erlabeck, Reip. Norimberg. a. i. st. Consil. etc. d'après J.-J. PREISLER; grand in-Fol. en h. *Idem.*

WIT (J. DE), *peintre et graveur à l'eau-forte, v.* 1750.

1442 Les 4 Élémens représentés par des Génies voltigeant en l'air. Suite de 4 estampes in-Fol. en l. gravées d'une pointe délicate et spirituelle. *Belles épr. avec toutes leurs marges.* Rares.

WITSEN (N.), *dessinateur et graveur à l'eau-forte, flor. à Amsterdam, v.* 1659.

1443 Pêcheurs dans une barque. Petite pièce en l.

1444 Tête de mort sur un piédestal. In-8. en h. Au haut de la gauche: *N. Witsen fecit Ao.* 1659. Rare.

WOHLGEMUTH (MICHEL), *peintre et graveur,* 1434—1519.

Gravures en bois, très belles épreuves; rares.

1445 La Sybille Tiburtine. H. 5, 4. - L. 4 p.

1446 St. Madelaine enlevée au ciel. H. 8 p. - L. 5 p.

1447 Le martyre des Apôtres. Suite de 12 p. H. 5, 3. - L. 4 p.

WOOLLETT (WILLIAM), *dessinateur et graveur au burin et à l'eau-forte,* 1735—1785.

1448 La chasse au Sanglier; riche paysage d'après J. PILLEMENT; tr. gr. in-Fol. en l. *Très belle épr. avant l'adresse de Leviez.*

1449 Le retour de la Pêche; *pendant* de la pièce précédente, d'après LE MÊME; gravé par *W. Elliot;* même grandeur. *Très belle épreuve avant l'adresse de Leviez.*

1450 Morning, très beau paysage avec le soleil levant, d'après SWANEVELDT; très grand in-Fol. en l. *Premier état avec l'adresse de North-Street. Très belle épreuve.*

1451 Evening, autre paysage d'Italie avec le soleil couchant, d'après LE MÊME; pendant, très grand in-Fol. en l. *Premier état avec l'adresse de Noth-Street. Idem.*

1452 Macbeth, qui rencontre les sorcières, belle composition, d'après FR. ZUCCARELLI; très grand in-Fol. en l. *Pièce capitale et superbe épreuve avec l'adresse de Charlotte Street.*

WOUTERS (G.), *peintre et graveur à l'eau-forte,* 1614—1659.

1453 La Place du Peuple à Rome, enrichie de quantité de figures, gravées très spirituellement à l'eau-forte. Grande pièce en l. *Épreuve superbe et de la plus grande fraîcheur.*

1454 La place Navone à Rome. *Mêmes qualités.*

Nro.

WRENK (FRANÇOIS), *dess. et grav. en mezzotinto, né en* 1766.

1455 Le repos de la sainte Famille, d'après GENTILESCHI ; tr. grand in-Fol. en l. *Épreuve avant toutes lettres.*

WYCK (THOMAS), *peintre et graveur à l'eau-forte*, 1616—1686.

1456 La Couseuse (3). *Ancienne et belle épreuve.*

1457 L'homme ajustant sa chaussure (4). *Très belle épreuve.*

1458 La fileuse et le forgeron (6). *Très belle épreuve.*

1459 Le mendiant qui danse (11). *Pièce rare et très belle épreuve.*

1460 Le mendiant mangeant du raisin (12). *P. rare et tr. belle épr.*

1461 Paysan vu à mi-corps et tourné vers la droite. *Pièce non décrite, gravée d'une manière fort spirituelle.* H. 2, 3.- L. 1, 9. *Très rare.*

ZAGEL ou **ZASINGER** (MARTIN), *orfèvre et graveur au burin, vers* 1500.

1462 L'embrassement, 1503 (15). *Morceau d'un grand fini et de la plus grande rareté. Très belle épreuve.*

1463 Les Soldats ; marche militaire (20). *Très rare. Collée.*

ZEEMAN (REINIER NOMS, DIT), *peintre et graveur à l'eau-forte, vers* 1650.

1464 Recueil de plusieurs navires et paysages (6 — 18). *Suite complète de 13 estampes titre compris.* PREMIER ÉTAT: *et se vendent à Paris chez F. van Merlen. Très belles épreuves.*

1465 Différentes Marines (107—118). *Suite complète de douze est. qui sont du nombre des meilleurs ouvrages de ce maître.*

1466 Deux pièces faisant partie de diff. Suites (71, 101). *Anc. épr.*

Morceaux non décrits:

1467 Vue de mer par un clair de lune ; à droite des matelots autour d'un feu. L. 8, 6. - H. 4, 8. *Rare.*

1468 Vue de la ville d'Amsterdam, avec l'Y sur le devant. Dans la marge du bas 4 l. d'inscription: *Amsterdam — Nieuwe brugh.* L. 11, 3. - H. 4, 6. *Très rare.*

ZINGG (ADRIEN), *dessinateur et graveur à l'eau-f.* 1754—1816.

1469 Six paysages déssinés et gravés par *A. Zingg, avec dédicace à M. Tischbein ;* petit Fol. en l. Suite complète.

ZÜNDT (MATH.), *peintre et graveur, mort en* 1571.

Morceaux non décrits par B. Vol. IX, p. 530.

1470 Ecusson d'Armoiries avec ornemens. *M. Z.* 1569. *P. rare.* H. 5, 9. - L. 4 p. (Catal. Aretin 1830.) *Belle épreuve.*

Nro.

1471 **Les Turcs assiégeant Zygeth, occupé par le Comte Sriny, 1586.** *Mathis Zundt.* L. 12 p. - H. 8, 2. *Morceau très rare.*

1472 Le Siège de Harlem sous le Duc d'Albe etc. 1573. *P. pareille.* L. 13, 9. - H. 10, 2. *Très belle épreuve.*

1473 Le navire des Apôtres, attaqué par les incrédules. Grande composition allégorique. *Mathes Zyndt facie. Ao.* 1570. L. 13, 8. - H. 9, 10. *Belle et très rare.*

1474 Vue du Château de Chillon sur le Lac de Genève au canton de Berne. — Vue du Château de Baillival ci-devant épiscopal de Lausanne; deux estampes très grand in-Fol. en l. et coloriées *d'après les tableaux orig. de M. Hubert de Genève et se trouvent à Basle chez Chr. de Mechel.*

1475 Vue de de la Ville et d'une Partie du lac de Zoug. — Vue de la Ville et du Pont de Rapperschwyl, sur le lac de Zurich. Deux estampes très grand in-Fol. en l. d'après P. BIERMANN. *Coloriées.*

1476 Specimens of Polyautography consisting of impressions taken from Original-Drawings made purposely for this Work. London, Publ. 30 April 1603 by P. André and J. Heath. (Les dessins de *Barker, Barry, Cooper. Corboold, Delamotte, Füseli, Gessner, Hearne, R. Stotthard, Warwick.*) Suite complète de douze estampes compris le titre.

1477 Historiae sacrae novi Testamenti elegantissimis Iconibus expressae a variis hujus ac superioris seculi Pictoribus atque Sculptoribus. Edente Nicolao Joanno Piscatore (Visscher) avec 157 estampes. — Acta Apostolorum elegant. Iconibus summo artificio delineata a Martino Heemskerckio, qui ea inchoaverat et Johanne Stradano qui ea absolvit; edeate Nic. Joh. Visscher. (35 estampes.) — Visiones Apocalypticae exhibitae Johanni Apostoli in Insula Pathmo eleg. Iconibus expressae; edente Nic. Joh. Piscatore (Visscher) (28 estampes) — XII Fidei Apostolicae Symbola Iconibus artific. à Nic. Joan. Piscatore (Visscher) in lucem edita (13 estampes). Oeuvre compl. en 233 estampes in-Fol en l. relié en veau. *Bel exemplaire.*

1478 *Fittler James.* Scotia depicta, or the Antiquities, Castles, public Buildings, Noblemen and Gentlemens Seats, Cities, Towns and pitturesque Scenery of Scotland; illustrated in a Series of finished Etchings by *Jam. Fittler* from accurate Dra-

Nro.

wings made on the Spot by *John Claude Nattes*. With Decriptions antiquarian, historical and pitturesque. London 1804i avec 50 est. in-Fol. en l. *Tr. bel exemplaire, relié en maroquin.*

1479 Albertolli. Ornamenti diversi inventati, disegnati ed esegnit. da Gioc. Albertolli, Professore d'Ornati nella reale Academia di belle arti in Milano incisi da Giac. Mercoli Lug. (Milano 1782.) Tr. grand in-Fol. 26 planches, y compris le frontispice et une épître dédicatoire. Ouvrage très bien exécuté; relié.

LITHOGRAPHIES.

1480 Une Scène du Deluge, d'après A.-L. GIRODET TRIOSON, par *Aubry Lecomte* 1825, très grand in-Fol. en h.

1481 La Marée d'Equinoxe; Scène de l'Antiquaire de Walter Scott, d'apres CAM. ROQUEPLAN lithographiée par *Hypol. Garnier*; grand in-Fol. en h.

1482 Chasse au Loup, d'après *J. Volmar*; tr. gr. in-Fol. en l.

www.ingramcontent.com/pod-product-compliance
Ingram Content Group UK Ltd.
Pitfield, Milton Keynes, MK11 3LW, UK
UKHW031924260826
14628UKWH00003B/1412

9 782016 113615